週末改造計畫

讓身心關機2天，打造快樂的365天

The Weekend Effect

The Life-Changing Benefits of Taking Two Days off

週末快樂升級版

Katrina Onstad

卡特里娜・翁斯塔 著　　胡琦君 譯

原書名：週末的快樂效應：不被超時工作與忙亂瑣事綁架，順利切換「假日模式」，找回久違的週休生活

對於忙碌到無暇他顧的人而言，生活是最不重要的一件事；然而，沒有什麼比生活這門課更難學會。

——古羅馬哲學家．塞內卡

目次

——前言——

拿回你的週末時光

某個星期天晚上，我小兒子躺在床上，被子高高蓋到下巴，在床頭燈還亮著時，他問我說：「今天是週末嗎？」

我回答：「對啊，今天是週末。」

他接著說：「可是我怎麼感覺不像是週末呀！」他只有在棒球賽跟差勁球員同一隊，或是早餐穀片沒了的時候，才會用這種受委屈的語調講話。

十二歲的他，已經好多次在星期天提出這樣的疑問，把我都問到怕了。但這也促使我檢視自己的週末，而它大多數看起來是這樣的：打曲棍球；處理工作的電子郵件；採買東西；處理前一封郵件隨之而來、排山倒海般的後續郵件；協助孩子做功課；打曲棍球；遛狗；全家人共進晚餐；打掃；洗衣；閱讀工作的資料。星期天的行程基本上跟星期六一樣，若硬要找出哪裡不同，就是星期天多個馬桶簡單清洗的工作吧！不過，到了夏天我們會調整行程：孩子們的曲棍球活動會改成足球。

為什麼我們這樣工作，那樣生活？

今日，對於大多數有工作的人（這些人是幸運兒）來說，工作週並無明確的開始或結束。昔日科幻小說裡虛構出的數位時代已真實降臨，只不過我們還沒有機器人管家，也沒有像經濟學家凱恩斯在一九二八年所預測的三天工作週。如今，多數上班族的工時比十年前還長，而那些設計來為我們釋出更多時間的設備，卻回頭強佔我們多出來的時間。週末儼然成了工作日的延伸，這無疑意味著週末已不再是週末了。

許多美國人比上一代人的工作時間更長，而且跟經濟水平相仿的歐盟國家人民相比，大多數人每年的工作時數竟多出好幾百個小時。據美國國家經濟研究局二〇一四年公布的一則報告指出，有百分之二十九的美國人在週末上班，但在西班牙這比例卻不到百分之十。你或許會說西班牙人太熱愛生活，才導致統計數據這麼低，那我們來看看另一個例子：就連勤奮的德國人在週末工作的比例也比美國人低，只有百分之二十二。至於英國則是歐洲唯一的例外，英國人週末工作的時數幾乎與美國人一樣多；他們笑稱這種現象為「美國病」。

我知道這種病真的存在。幾年前，我曾有過一段短暫、不太有趣的打工換宿經歷。在大學畢業後的那些年，我大部分時間都不肯面對現實，一度躲到法國北部一座迎風的海邊小村莊，待了好幾個月。據我所知，法國每個星期天都不營業、不工作、而且不血拼，這讓來自北美、成天逛購物中心的我震驚不已。他們星期天的行程不做那些事，只有「拜訪」與「活動」。

像我的老闆是個單親媽媽，她會帶著三個孩子和我去拜訪祖父母，或是帶束花去養老院探訪某位親友。有些週末，鄰居會突然跑來家裡，跟我們邊吃邊聊直到晚上。週末一定會安排外出，像是沿著海岸健行；騎自行車；到隔壁村莊的街道閒逛，望著一間間週末關門的商店櫥窗。我們只能看，卻不能買。這樣的週末感覺像是儀式，是他們文化的一部分，非常神聖。時間彷彿慢了下來。這些週末充滿著想像力，富含各種經驗，而且與前面的日子，以及隨後而來的星期一，都有個明確的區隔。

如今，我有了自己的孩子和一份自由撰稿的工作，我的星期六往往跟星期三沒有兩樣。其實，有時候星期六我反而感覺更忙。週末期間，我總得回應客戶和消息提供人士的線上需求，即便這是我的「法定」休假日也一樣。

但話說回來，有誰真的休假了呢？我週末陪孩子參加足球比賽時，就看過場邊的父母盯著iPad、偶爾敷衍地吶喊加油。有位朋友在星期一早上送完孩子上學後就開玩笑地喊：「TGIM！」慶幸孩子的無數比賽和活動告一段落，換來辦公室相對寧靜的時光。[1]

然而，工作與生活已無分界的模式不再只是自由工作者獨有，也不僅是高額收費律師或矽谷創意先驅才會面臨的現況。經濟衰退後，工作對許多人而言意味著身兼好幾份差事，每週的工作形式不再固定。而且，大多數的千禧世代只能在不穩定的工作裡努力求表現。

以我先生為例，他是個老師，晚上和週末他都忙著回應焦慮父母和學生的電子郵件，隨後還得抓緊時間再去忙與教學相關的工作，如批改和規劃課程。有天深夜，他還埋首電腦前苦戰時，我站在房門望著熟悉的背影對他說：「感覺我們每個人現在都像醫生，永遠都在待命，而且是回報率超低的醫生！」

有太多的週末，活動一再推遲、拜訪不斷延期，享受歡樂和靜心沉思也持續推延。「星期了星期一早上」是《波士頓環球報》的一則聳動標題，直指許多上班族在星期天晚上就忙著查看郵箱，提前處理本來是星期一上午才要看的電子郵件。文中受訪的招聘主管和創投業者一致難為情透露他們不得不犧牲星期天晚上的原因：「因為其他每個人都這麼做，我最好也這樣做。」沒有人想要落後他人，所以我們只能跑起來、跑快點，任由我們的日子疾速流逝。

若是亞里士多德知道我們這樣公然忽視休閒，肯定會十分火大的。對亞里士多德而言，休閒不僅是給薪工作以外的時間。休閒並非是無需動腦的消遣或家事：例如一整個週末瘋狂追劇或全面翻修壁櫥。休閒是每個文明人的必需品；休閒是讓人拋開奴役義務，去反省、沉思與思索的時間。

但在今天，一說到休閒這個字，不免給人懶散的印象，意味著「無用」和「特權」。不知從何時開始，無趣的新教徒精神大當其道，化身為一句口號：「活著就要工作」，而不是「工作是為了活著」。要了解休閒的概念變得如何扭曲，只需看「休閒便裝」（聲名狼藉的時尚犯罪）徹底過時就知道了。

—

1 原句是「TGIF！」是Thank God, it's Friday！的字首縮寫，意指「感謝上天，今天是星期五！」

你也罹患「週日晚上焦慮症」嗎？

我心虛地安慰了兒子對週末的不滿，但我自己心裡其實也在抱怨：有些東西不見了；失去的那一大部分正在改變我們的身體和靈魂。

我記得自己還小的時候，在星期五上午就開始期待週末，等待著我的週末總是充滿各式各樣的可能性。每到週末，我父母的朋友，還有我的朋友，會塞滿整間屋子；一大早我們會打開電視看些爛節目。我記得大多數時候我會感到無聊，出於無聊我會拿起紙筆，我因此發現自己比較喜歡寫作，甚於畫畫，以及嘗試過的各類運動。時間一點都不緊，充裕得很，隨你探索。

如今，這些鮮活的週末經驗已經變少了。不僅是因為我長大了、不再充滿好奇；而是我的時間逐漸流乾，白天和黑夜都讓工作佔據了，還有一堆忙不完的家務事，這讓我變得焦躁，連自己都快認不得了。

在一項二〇一三年的調查中，百分之八十一的美國受訪者表示自己患有「週日晚上焦慮症」。當然，這樣的焦慮不只是針對即將到來的工作週而煩心，也是因為錯失享受週末的良機而悲傷，感歎自己又失去了一個週末！

有太多星期天晚上，我懷著虧欠孩子二天美好週末的歉意看著他們入睡，隨後自己也累癱了，這促使我決定深入去探索關於週末的問題：我們是如何失去它的？以及沒有它的生活會變得怎樣？

當我開始調查後，有兩件事逐漸變得清晰：第一、我不是唯一在星期天晚上感到失望的人。第二、有許多比我聰明的人正在為捍衛週末奮戰，而且也成功了。我訪談了一些為自己所愛事物而卯足全力保衛週末的人，這當中有為了跟家人多相處而重整工作週模式的CEO；有開始提供四天工作週的成功企業；還有要求員工星期五晚上放下手機、到星期一再拿起來的公司。

以珊達．萊梅斯（Shenda Rhimes）為例，她是個極為多產的優秀編劇、製片兼執行製作人，《實習醫生》和《醜聞》等熱門影集全都是她的傑作。她同時還是三個孩子的單親媽媽，可說比一般人加倍忙碌，而且每個人都等著她的吩咐做事；但她就是不再在晚上或週末回覆電子郵件。

有時候，我會試著效法這些人，學習跟時間建立新的關係。在新的關係裡，休閒跟所有美好的事物、以及所有工作的榮譽一樣珍貴。當你拿回週末之後，會發生一件有趣的事情：你也同時拿回你童稚般的放縱以及豐富的潛力。你會發掘出深埋在工作底下的自我；你還會發現，週末一旦過得精彩，你的人生也會因此活得精彩。

這是一本關於我們如何贏得週末以及如何失去它的書。但更重要地，這本書講的是該如何拿回我們的週末。

——第一章——

週末是什麼？

「週末是什麼？」影集《唐頓莊園》裡那位脾氣古怪、有話直說的考利太伯爵夫人不屑地這樣問道。

這句經觀眾票選為開播以來最愛引用的一句話，是由飾演該角色的瑪姬・史密斯（Maggie Smith）所說出來的。當時考利一家人正穿著華麗串珠連身裙與晚宴西裝圍坐在餐桌前吃晚餐，一旁的男僕正在為他們盛勺肉汁（這些僕人肯定是超時工作）。

歡迎加入超時工作的邪教

這部以二十世紀初為時代背景的美國公共電視影集，講述一個英國家族歷經數十年、從貴族統治轉型到人權更為平等的現代社會後，逐漸凋零的過程。聽完太伯爵夫人的提問後，大家都笑了，因為這些英國貴族無法理解一週被劃分為工作日與非工作日的概念。這太抽象了，因為他們根本就沒在劃分。在考利一家居住的豪華宅院裡，每天真的都像星期天。容我借用一下莫里西（Morriessey）唱的那首〈每天都像星期天〉：成天都在喝茶、聊是非，不然就是交代僕人做事，像是：「休斯太太，今天得好好整理卡納文伯爵的大理石半身雕像，光澤度不夠了呀！」

太伯爵夫人的提問之所以跟今日觀眾產生共鳴，是因為我們也問了「週末是什麼？」的同樣問題，只是背後的原因有所不同。一個世紀以前，工人們罷工、遊行、流血抗爭，才贏得週末。然而，今天許多人卻不記得上一次連續放假兩天是何時的事，即便這是他們合法的權利。

週末的逐漸消失，與新的工作型態有密切關連。在一間公司待得長長久久的時代已不復存在：勞資雙方有著數十年的互信忠誠，又或員工退休時公司會致贈送一只金錶的日子已成歷史。穩定的鐵飯碗工作是舊時代才有的，就像奶油攪拌機、袖毯一樣，早已過時。

對許多人來說，工作超級沒有保障，只能靠著好幾份短期工，或兼一堆小差，勉強糊口過日子。只要滑一下手機，我們的手機就像變魔術一樣召來工人。舉例來說，如果你想找人更換門把或是搬運家具電器，只需撥打「跑腿兔」（Task Rabbit），就有人來滿足你稀奇古怪的工作需求；如果你要參加婚禮，就打電話找「家庭美髮化妝服務」（Glam Squad）幫忙到府梳化妝。在這種情況下，一個人的休閒成了另一個人的勞務。

不過，值得記住的是，你滑動手機所聯繫的另一端是活生生的人，他們必須隨時保持高度警戒、二十四小時待命，而且每週的工作日都不固定。對某些人而言，這樣的多變性讓他們感到自由；但對某些人來說，這卻是週末的終結。

隨著製造業的衰退以及所謂「知識工作」的興起，白領上班族賴以維生的是腦力，而不是工具。但是，腦力本來就很難量化；腦中的想法並沒有一個真正的開始或結束。工作也是這樣。在經濟學家諾斯科特・帕金森（C. Northcote Parkinson）提出的知名「帕金森低效定律」裡，他主張「工作會不斷衍伸擴張，直到把可用的時間填滿才算完成」。這段話出自於一九五五年《經濟學人》刊出的一篇幽默文章；然而，它之所以好笑，正因為它說的是事實：工作就像一條金魚，會不斷長大，直到佔滿整個魚缸。的確，工作到頭來總會侵佔所有空間。況且，當我們隨時都能跟辦公室保持連線，無論白天還是黑夜，工作簡直是永無止盡。此時，這條工作金魚不再是養在魚缸裡，牠還會無限生長，最後變得跟恐怖片裡的龐然怪物一樣可怕。誰會想看《工作金魚入侵》這類的電影？我想沒有吧！

然而，在經濟處於谷底、工作競爭激烈，就連普通工作也一職難求的時代裡，要想週休二日簡直是痴人妄想。工作的不穩定感向來是健康不佳的一大預測指標，而且會提高憂鬱症的風險。它像疾病一樣影響著我們的身體，我們不斷感受到競爭的壓力，一方面擔心被取代（可能是外國人、也可能是機器人），一方面還要跟辦公室的鄰近同事競爭，那人可從來沒有為了看醫生而提早下班，也從沒在星期五晚上八點前離開公司呀！

對於那些能從事自己熱愛工作的超級幸運兒來說，工作與休閒的關係又更為複雜。我們或多或少都經歷過那種全心埋首工作、樂在其中的時光，我們也都知道完成工作以及沉浸心流的興奮感受。

全球化經濟帶來的另一個漣漪效應則是，白領上班族的許多繁瑣工作都已經因智能技術而大幅減少，還有些工作為了省麻煩而外包給境外勞工。某些幸運的知識型員工可能認為，我們之所以工作變多，是因為工作不再像以前那麼辛苦。

換句話說，如果你很幸運做到一個只需要思考和創意的工作，就算天天加班，而且週末還得工作，你可能也不會覺得吃虧，甚至你可能根本不覺得自己在工作。有些人甚至會因為沒有休閒生活或週末沒放假而感覺高人一等；他們會有意無意讓辦公室裡的其他人認為，過勞工作和週末加班是保住飯碗的權宜之計。尤其是裁員期間，這樣做總比提心吊膽怕被當成冗員裁撤而失業來得好。

不過，要是所有這些對工作的觀點，扭曲了你對世界的看法，混淆了你判斷事物重要性的能力，表現出有點像是……洗腦的感覺，結果會怎樣呢？歡迎你來到「超時工作的邪教」，只不過這是個無趣的教派，沒有性也沒有毒品。在這個教派裡，工作者接受了長達五十、六十或八十小時、沒有週休的工作週作為現狀，或更糟的是，用信仰這個宗教來證明自己的成功。

但事實上，減少工時反而會提升你的績效。要知道，過勞工作、休息不足的人並不是好的員工：他們會犯錯、會過勞。你不會希望由這樣的人來替你的孩子動手術，你可能也不想和他們一起玩，因為他們很無趣。而且，最要緊的是，這些超時工作的邪教成員還錯過了自己的生活。

週末要休息，這是上帝規定的

週末是用來休息的，它在提醒你：你不光是個工作者。它是從「安息日」而來的最初承諾：上帝規定人們必須跳脫單調的勞動，休息一天。聖經〈出埃及記〉一書裡充斥著奴隸被迫搬磚不斷送往偌大空曠、永遠在擴建的倉庫，卻遭壞老闆法老責罵的內容：「你們很懶，超級懶！……現在馬上去，工作去！……你們每天的磚塊數不能減少！」

但上帝有不同的想法，在祂釋放祂的子民之後，祂規定大家要休息一天；就像祂在創造世界第七天所做的事情一樣，前六天的創造令祂疲累而需休息一天。祂還把安息日寫進十誡，提醒人們生活不單是由「生產」，或是它的朋友「消費」來定義的；祂把人性嵌進了每個星期當中。

搬磚顯然是個耗體力的粗重活，但今日大部分的工作卻沒對我們身體造成多少負擔。它們耗損的是我們的腦力，這種磨損從外表是看不出來的。但它所引發的結果卻十分明顯：超時工作會導致過勞，甚至憂鬱症和自殺。

或許我們之所以繼續處於「斯德哥爾摩症候群」這種狀態，是因為接受工作永無止盡侵佔自己時間是種生存手段，妄想著再撐一個月或一年就能恢復有休閒的生活。但是，如果工作一直是你的重心，甚至連週末都要忙，那麼你有可能賠上你的人生，你會成為只會做事、卻不太會生活的人。即使你熱愛你的工作，那又如何？你怎麼會一整個星期都排滿工作，連四十八小時自我修復的時間都排不出來？人生若沒得放鬆，哪裡還算人生？

為了滿足我兒子想要有更好週末的請求，我坐下來打開我的筆記型電腦，針對我的好週末與壞週末，很快做了個非正式的審查。先寫出三列：週五、週六、週日；接著列出活動——我很努力在回想。

等列完之後，我看了一下，大部分內容實在貧乏單調，只有零星的趣味。這裡面有小孩的活動（曲棍球、幼兒共享遊戲）；有家務事（打掃、採買、洗衣服……有好多衣服要洗）；有工作（電子郵件、文章潤稿、開立發票）；一點點樂趣（外出吃晚餐、卡加利的某某朋友來訪、在海邊跑步）；然後又回到家務事（整修地下室、重買小孩的跑鞋——因為現在的跑鞋都是紙糊的，很快就壞了）。回顧過去幾個月的週末（不包括偶爾的特別假期和大型活動），我一下就看出來，最不滿意的活動都一樣：家務事、購物、工作、上網……但卻一再重複。

但最棒的週末總是包括下列幾個關鍵元素，由它們構成各種組合：與人產生連結、樂趣、嗜好、大自然、創造力。我無法想像只要一個週末就能讓我滿足這所有需求，除非我能讓夢想成真，變成一週只需工作一天、週末長達六天（如果有誰知道怎樣讓它發生，請打電話給我）。不過，我後來發現，只需善用其中幾項元素，我們每個人都能夠擁有一個美好的週末。

我們什麼都不缺，就是缺時間

當我開始寫這本書的時候，我想藉由跟那些擁有美好週末的人閒聊，進而了解如何營造美好的週末。我打算用很酷的角度去報導這樣的現象，筆記型電腦早已準備妥當。但很快地，我意識到自己有必要開始模仿這些營造美好週末的能手。

在我寫這本書的一年期間，我從美好週末的業餘觀察員，成為偶爾的參與者，最後轉變成奉行美好週末的信徒（儘管我還是會忙工作，像上週六我就用了一大段時間回覆成堆的電子郵件，還看完《魔戒》三部曲——嗯，其實是「重看」）。事實上，有形形色色獨特的方法可以營造美好的週末，它們的大原則都是一樣的：真正的休閒不只是不工作就行了，而是要「創造意義」。

美好的週末提醒我們去欣賞「美」；美好的週末可以是無所事事的；美好的週末可以漫步在成千上萬條不同的小路，但每次都一定要放慢步伐，暫離忙碌現代生活的激流。誠如華盛頓大學資訊學院教授大衛．李維（David Levy）所闡述的，今日的我們是生活在一個「崇尚『更多、更快、更好』生活哲學」的時代。工業革命之後，我們的心態有了轉變，認為自己始終必須「以極大化的速度生產，並且具有效能」。

而今，永不停歇的科技和全球經濟更是雪上加霜地加速人力的損耗。然而，要得到更多，又希望能更快、更好，是需要時間的；但我們什麼都不缺，就是缺時間。這正是為什麼我們比以往任何時候都更需要週末：它是一個星期裡的神聖角落，能讓人待在那裡，放慢時間。

在今日這個時代裡，能夠成功捍衛連續四十八小時假期的人堪稱是超級英雄；這需要勇氣。然而，如果你能高舉你的雙手，抵擋住激流，只要兩天就好，你將為形形色色的經驗創造出空間，這些經驗毋須跟成功或學習有關，只需跟人性有關，它正是設立安息日之初想要捍衛的東西。

聽到太伯爵夫人的問題後，一旁盛勺肉汁的男僕照理該停下動作，回答她、同時也回答我們所有人：「週末是讓我們放下磚塊，記起重要事物的時候。」

——第二章——

我們如何獲得、又再度失去週末？

我們創造週末的方式，跟創造一週是一樣。實際上，地球每年繞太陽旋轉一次，大約費時三六五．二五天；太陽的起落也的確花費二十四小時。但一週卻是人創造出來的，是隨意的、並非自然界既存的模式。

在這七天一次的循環裡，我們標示出會議的時程、生日提醒、把iCal[1]填得滿滿滿——除了頭尾兩端各有四十八小時的自由緩衝，但同樣也是排滿各種有待實現的承諾。總之，我們創造了一週，好能讓事情得以井然有條。

為什麼每七天就要休息一天？

至於週末的源起，則始於人們一直以來對數字「七」的鍾愛。這個潔淨又大氣的數字是我們的最愛，無論是小矮人、原罪、還是兄弟新娘[2]的數量，不多不少，就是七個。而且，自一九八〇年代以來，愈來愈多的父母將孩子命名為「七（Seven，賽文）」，男女都有，卻幾乎沒人給孩子取名「四（Four，福爾）」。自古文明以來，人類就偏愛七這個數字：巴比倫人看到七個天體，並賦予這個數字神秘的意義，用來唸咒驅魔。再說，「七」很特別：它是一到十之間不能被其他數字乘或除的唯一一個數字。

自遠古流傳下來、視「七」為整體和獨特象徵的這個概念，一直沿續到也同樣古老的猶太禮拜儀式（或許是因為猶太人曾被流放到巴比倫，也吸收到美索不達米亞占星術的精髓）。在

《舊約》裡，當上帝規定第七日要休息時，並非是隨便說說，而是嚴肅的聲明：「凡在安息日做工的，必要把他治死。」

當然，不只是死亡威脅才促使大多數宗教保障七天內必須休息一天。人類對於休息，本來就擁有深切且不容撼動的需求。無論是印度教、佛教或道教，都主張要休息一天。古羅馬康斯坦丁大帝曾更改日曆，強調星期日為安息日；此舉是為了讓改信基督教的信徒，有辦法區分新教與猶太教的差異。

先知穆罕默德也頒訂法規，要求穆斯林每七天必須有一天特別用來禱告和聚會，結果由星期五獲選；某些學者認為，這是因為星期六和星期天已經被選走了，伊斯蘭教選星期五的話，就可以來個三方競爭，以吸引那些三心二意、遊走在多個宗教之間的異教徒。不過，星期五的公眾禮拜「主麻日」並非嚴格的安息日，因為工作只會暫停一小段時間，長到足以進行一小時的祈禱和佈道。在那一小時裡，商店會關門，社區的人會聚在一起，但結束之後，大多數的信徒便立刻重回日常生活。所以，這三個一神教每週都選定一個意義重大的日子遠離工作，只不過它們選擇了三個不同的日子：星期五、星期六、星期天。於是，週末的輪廓就在神聖宗教裡

1 蘋果電腦的行事曆。
2 七個兄弟的七個新娘為老電影《七對佳偶》的英文原名。

逐漸浮現。

截至一七二五年為止，大多數美國殖民地都已通過「安息日立法」，禁止星期天工作；但在另外六天裡，許多勞工階層卻是早出晚歸地長時間工作。報上經常刊登匿名工人投稿的社論，嚴詞抨擊工時過長、以及工資過低，其中包括一篇一七八四年刊登於《費城獨立報》、署名「老技師」的投訴文，文中抱怨在其生活裡，「幾乎沒有足夠的時間讓我去了解我們國家的真正利益」。這位技師在工作十四小時之後，累到連喝杯啤酒的力氣都沒有，更別說為共和國的進步而投注心力了。

用建設國家的名義包裝自己的需求，對十八世紀的當權者來說，可能還聽得進去，這比起現代的我們用第一人稱在心中大聲吶喊著：「老闆，求求你讓我在八點以前回家，讓我可以跟家人一塊吃飯。」來得有效多了。但這位老技師是真心為了國家：在新建不久的國度裡，國民知道偉大新世界需要並推崇強烈的新教徒道德觀。

然而，誠如愛荷華大學歷史學家暨教授班傑明．克萊恩．亨尼卡特（Benjamin Kline Hunnicutt）在其著作《自由時間》（*Free Time: The Forgotten American Dream*）裡指出，工作本身並不是高尚的，而是用來達到更高層次的工具。對於信教的大多數美國人來說，那個最高層次就是神在地球上的國度。

而在「老技師」的抱怨文見報一個世紀後，惠特曼則寫道，全體國民的真正工作必須導向

「更高的進步」。當時的美國已經實現了它政治自由和物質豐足的夢想、滿足了人民的生理需求，但接下來要追求什麼呢？惠特曼所謂的「更高的進步」，即新美國人的目標，實際上就是指藝術、精神和生理的追求；其中，他特別呼籲人們要著重「內心的生活」。

但是，在漫長煎熬的苦日子裡，普通的工人什麼時候才得以獲准滋養他們的人性？正如亨尼卡特告訴我的：「十九世紀正值工業的運作愈來愈有效率時，惠特曼寫下這首美麗的詩，闡述這些光明的民主前景，彷彿他站在一個山丘上，望見未來，預知人們未來年代裡付出的努力將愈來愈少，卻能輕鬆滿足他們的物質需求。」（但惠特曼沒有預見到電子郵件。）他接著說：「倒不是說工作是件壞事；反而工作對人類是絕對不可或缺的。只是，當你過了某個時間點、賺夠學夠之後，該是時候去做那些更重要的事情。那些幫助我們人性得到最佳發展的事情。」

還我週末！勞工工時的抗爭血淚史

我們踐踏時間，把它變成我們的敵人。我們試圖遏止並操控它，或起碼要搶在它前頭。你那支速度更快的新型手機；你那隻猛按電梯「關閉」鈕的手指；你那份當日送達的快遞。我們把一分鐘的時間拆解成奈秒（十億分之一秒），把一小時和一天變得機械化和數字化，讓它們變得有「效率」，這是美國企業界正夯的流行語。

但時間並非一直都那麼僵化。在馬雅之類的古文明裡，各大主流教派仍未崛起，當時人們將時間視作一個輪子，他們的生活在各個階段裡重複，不停轉動。直到猶太基督教興起後，人們開始認定時間是線性的，貫穿創世紀一直到末世時代。於是，這樣的看法就沿用至今，比「時間是輪子」的概念更無趣。筆直的時間意味著我們始終衝向一條看不見的終點線，只不過那裡沒有衝刺緞帶，也沒人為你擊掌喝采。

你要是仔細想想就會發現，我們之所以在時間裡衝刺，是因為我們企圖超越一件不可避免的事情：死亡。它不正是我們追求速度背後的動力嗎？所謂的追求效率，就等於在說：「我必須先征服時間，才不會被它征服。」放慢速度、停止跟時間競速，進而認真感受時間，這些都是認輸的行為，代表著軟弱。向人吹噓「我從來沒有休過週末」才是一種實力的宣示：「瞧，我掌控了時間、我戰勝了它！」其實，度個週末意味著停止跟時間競爭、把它放空、不塞進任何行程。這難道不是一件好事嗎？

不久前，空閒時間還是一個不折不扣的政治問題。美國勞工團結抗爭的首例並不是為了童工問題、工作環境，或是薪水，而是為了縮短工時。這些先人不惜為了時間而戰，甚至為它而死。

從十八世紀到十九世紀，在長達約一百年的期間裡，勞工所組織的大型工運多半是為了減少工時而抗爭。不過，在還沒有週休二日概念的當時，勞工只是要爭取縮短每日漫長的工作時數；而美國的第一樁罷工案，就發生在一七九一年的五月：費城有一群木匠集體罷工，要求工作時間從早上六點開始、晚上六點結束，其中包含二小時用餐時間。雖然他們的罷工沒有得到立即的效果，但它確實為後來的「十小時運動」起了推波助瀾的關鍵作用。在十九世紀晚期，像波士頓和底特律這樣的大城市，以及麻薩諸塞州洛厄爾和紐約州羅徹斯特這類較小的工業城裡，就發生過成千上百件有組織的抗爭和罷工集會（可能是由鎮上公告傳報員廣播召集的）。

一八三五年，在某次爭取縮短工時的罷工後，勞工界領導人發表了一篇名為「十小時聲明」的激進文章：「我們受夠了長久以來遭受齷齪、殘忍、不公正和專制體系的操控，迫使技師超時工作、身心俱疲，除了吃飯睡覺外，什麼都不想做。而且在許多情況下，工人無能為力從極度的身心衰弱中解脫出來。」作者還不屑地表示，許多老闆在工廠為工人準備了「半品脫的烈酒」，基本上是為了「癮」誘他們工作時間更長、更努力。（下次你在辦公室「週五啤酒日」狂飲時，可別忘了這段歷史。）

這篇為縮短工時的簡明宣告則催生了另外一項運動：美國史上首次大罷工。一八三五年六月初，費城總工會組織了一場大規模的罷工，拖煤工、油漆工、皮革工、雪茄工人等各行各業的人走上街頭，高舉著「六點到六點」的標語齊心抗爭。結果，他們贏了。幾個月之後，費城立法通過十小時的工時上限，但工資不減。然而，即便其他州紛紛跟進，工時縮短的規定卻形同虛設，鮮少強制執行，而且資方也常鑽漏洞不遵守規定。就在新罕布什爾州「每日工時十小時」的法令頒訂幾週之後，就有公司私下向工人施壓，要求簽署規避新法規的「特別合約」；不簽的人往往會遭解雇或被列入黑名單。

而隨著工業革命改變工作本質後，事情則變得更糟。新機器需要有人不間斷地監看，以避免開機和停機的成本。狄更斯筆下所描述的苦難在現實中處處可見：暗無天日的無窗戶工廠；老鼠滿地亂竄；棉花坊內長期工作而罹患軟骨病、導致X型腿的畸形童工。洛厄爾當地的工廠裡就有很多的「棉花坊女孩」，她們抱怨清早和晚上都還得摸黑織布，唯一的照明僅是微弱的燭光，使得她們的視力受損。

所有這一切都發生在表定的上班時間內，時鐘成了無所不在的新老闆。以前，工人往往順應自然法則完成任務：漁民觀察潮汐變化捕魚；農民依循四季節氣耕種；但在工業化之後，時鐘決定我們何時工作，我們的生產力是依據某段時間內產生的勞動力多寡來衡量。正如歷史學家湯普森（E. P. Thompson）所描寫的：此時正是工作從「任務時間」變成「打卡鐘時間」的轉捩點。時間具備金錢的價值，它成了一種商品，不容遭到浪費。

湯普森寫道：「如今，時間就是貨幣：不是流逝掉，而是花掉的。工廠裡的時鐘常莫名其妙地被調早或調晚，因為老闆會從工人那裡偷走給薪以外的時間。要知道，那個年代的工人不敢戴手錶上班，某個工廠員工就曾在一八五〇年出版的回憶錄裡寫道：「員工對鐘錶科學懂得太多而遭到老闆開除，是很正常的事。」

理想的工時，就是八小時

一天工作十小時依舊讓人精疲力盡，勞工們最終把目標設定到再縮減二小時。我們所熟知的八小時工時，跟一七七一年誕生在威爾斯蒙哥馬利郡的羅伯特・歐文（Robert Owen）有著密切關連。

歐文出生於中產階級家庭，熱愛看書，尤其受到湯瑪斯・潘恩[3]理性主義與烏托邦理想的熏陶。他喜歡遠大的願景，許多傳記把他描述成一名「夢想家」；在他的畫像裡，有一張充滿好奇的臉，其高高挑起的雙眉就像二座行人天橋。

在他晚年時，他的遠大想法變得有些瘋狂，他試圖在印第安納州新哈莫尼建立一個烏托邦社區，為此散盡大多數的財富。但在十九世紀初期、他還年輕的時候，他曾在蘇格蘭新拉奈克與克萊德開設新型的棉花工廠，大獲好評，被公認是社會改革的典範。

為了改善工人的生活狀況，他的做法很簡單。他開設了一家公司的內部商店，讓員工可以便宜買到商品，不必遭到無良商家敲竹槓。此外，他嚴禁喝酒；並為工人開辦了一所學校（課程包括地理、數學，以及穿著蘇格蘭裙的傳統舞蹈課）。

---

3 Thomas Paine，英裔美國思想家、作家、革命家、激進民主主義者。為美國取名「美利堅合眾國」，並為法國起草《人權宣言》，對歐美革命運動有卓越貢獻。

事實證明，歐文的工廠十分賺錢，因為（每個老闆應該都知道）有快樂的員工就有良好的工作表現。於是，歐文把下一個重大改革的目光放到工作時間上；他發現工時愈短的日子，勞工的工作效率更高，也更開心。「八小時勞動、八小時玩樂、八小時休息」是歐文新創的口號，它不但體現了理想工作日的精髓，也讓他聲名遠播。

歐文的金玉良言後來被美國激進份子布蘭查德（J. G. Blanchard）改編寫入詩裡，並由神父傑西．瓊斯（Jesse Jones）譜曲後於一八七八年發表。在他們的流行樂版本裡，勞工被賦予更大的自主權：「八小時工作、八小時休息、八小時隨我們想做什麼就做什麼！」這響亮易記的口號常被工整地寫在高舉的布條上，出現在日益頻繁的抗議遊行裡。在一八八一年到一八八五年間，美國就發生過至少一百四十二起爭取縮短工時的抗爭。

擁護者主張，八小時工時如同硬幣的兩面，對勞資雙方都有利。工時縮短能夠為失業者創造就業機會，也能為有工作的人提供休閒機會。一旦所有勞工的生活水準提升，就意味著會製造更多的消費。消費能夠刺激經濟、避免生產過剩；如此一來，令人懼怕的繁榮與蕭條交替經濟循環就能告終。

同一時間，在全球各個經濟發達的國家裡，爭取理想工時的運動也如火如荼地展開。一八五六年，墨爾本的石匠為爭取八小時工時而發起罷工。他們認為在澳洲的酷熱氣候下，工作時數極有必要縮減。一八八〇年代晚期，英國的「八小時聯盟」成功施壓當時（現在依舊繼續）

代表英國多數工會的「職工大會」，讓八小時工時成為主要的談判籌碼。

一八七二年四月十五日在多倫多，有兩千名的印刷工人為爭取縮短工時而罷工，癱瘓了整個出版業。這一小群人從市區出發，緩慢走過城市的中心，前進途中不斷有人加入。等最後到達皇后公園前的立法大樓時，該遊行隊伍的人數已高達一萬人，佔多倫多總人口的十分之一。

然而，最出名的「八小時工時」示威遊行當要屬芝加哥的「乾草市場事件」了，它以流血抗爭、悲劇收場而於歷史留名。一八八六年五月一日，在工業重鎮芝加哥裡，至少有三萬名工人罷工走上街頭。據勞工歷史學家詹姆斯．格林（James Green）在其著作《乾草市場之死》（*Death in Haymarket*）的描述，那是個詭異的一天，平日總有大煙囪排放的灰色濃霧籠罩著芝加哥，唯獨那天沒有，整個密西根湖的上空十分清透。這群上街頭抗爭體制的「大拒絕」團體，一路從工廠走到南區，沿途商家紛紛停止營業；等他們走到乾草廣場時，又多出好幾萬人加入。

後來，高達八萬名的示威群眾並肩聚集在廣場上。這些工會成員工人多半是歐洲來的移民，在這天活動結束後，他們便到瑞典啤酒庭園和愛爾蘭酒吧喝酒慶祝。德裔無政府主義者則聚在大廳裡，互相敬酒。

其中一個工運領袖是德文社會主義報紙《工人報》的編輯奧古斯特．史比司（August Spies），他是一名無政府主義的強硬派成員。五月三日，史比司對著一群德裔和捷克裔的木材搬運工人，發表了一場關於八小時工時的演說。當附近那間不願加入罷工的麥考米克收割廠下班鐘聲響起後，這群聽眾中有好幾百人衝到它的大門口，不少人手中還握著石頭。此舉引來警察的子彈回擊，因而導致一名示威者中槍身亡，數人受傷。

隔天晚上，儘管煙硝味十足，乾草廣場上聚集的人群還是相當冷靜。到了晚上十時，隨著天色變暗，開始下雨時，只剩下五百人左右在聽台上的演說，此時，突然出現一整排的警察，呼籲群眾解散。正當人們照做時，一道紅色弧形光劃過空中，不出幾秒鐘就有一枚炸彈爆炸了。現場變得十分混亂，警方也跟著開槍。有六名警察身受重傷，在幾天內相繼死亡。此外，至少也有三名示威者喪命。

隨後，無政府主義者紛紛遭到逮捕，罪名是襲擊「英雄警察」——這是新聞界所封的美名。沒有證據證明是誰丟了炸彈，審判被視為一場鬧劇，一場報紙版的精彩法庭秀（當時還沒有法庭電視影集），目的只是要讓美國愛國者發洩他們反移民的情緒。最後卻有八人被判謀殺罪，其中七人被判死刑；當中一人在監獄裡將雪茄形狀的炸彈放入口中引爆自殺身亡；另外有四人被公開吊死，史比司就是其中一位。

由於乾草市場的事件，以及隨之而來的混亂和暴行，勞工的權利變得不再抽象；畢竟有人因為工時這件事犧牲了性命，這個議題不可能遭到忽視。為了紀念這個事件，五月一日至今仍被稱為「五一勞動節」，這一天全球各地放假慶祝，同時緬懷工人的團結，以及抗爭。

五天工作制，能刺激消費力

不過，在週末成為正式休假日前，許多勞工早已在休週末了。在十八世紀末至十九世紀中期之間，英國就有許多勞工在星期一不去上班，他們拿宗教節日當擋箭牌，說自己是為了「保持聖潔的星期一」（其實根本沒有聖潔星期一這種說法）。富蘭克林就自豪地說，他年輕時在倫敦的印刷廠工作曾受到提拔，只因他星期一有去上班：「我星期一的全勤讓我受到了老板的賞識（我從來沒過過聖潔星期一）。」

過度的工作會導致過度的玩樂；許多勞工到了星期一仍在宿醉，還沒從啤酒屋的酒吧遊戲、戶外鬥毆和拳擊賽裡恢復過來。他們星期六必須上班，星期天又被困在教堂裡，他們只好挪用星期一來花工資、找樂子。

在一八四〇年代以前，流行的消遣活動包括搭乘新建的鐵路出城一日遊，或是來一場板球比賽——這也是我們現代人的一項週末休閒。根據某個名為湯姆斯．萊特的「資深工程師」於一八六七年寫下的回憶錄裡（他字裡行間透露了優越感，譬如不經意說出的「那些販夫走卒」），描述一般工人是如何度過一天的：「星期一是那些凡夫俗子所擁有的開心假期。他們在前一天剩下的時間裡恢復了活力；星期六拿到的錢還沒全部花完；那些在週間把最好西裝押給當鋪的人，到了週六晚上又有錢贖回來了，西裝依舊屬於他們。」沒有什麼比「週末日就是西裝贖回日」的說法更經典了！（週末就是要花工資的概念即便到了今日也是沒變：美國人在星期五和星期六晚上花的錢最多，在星期一和星期二花最少。）

週一曠職的問題，長久以來令老闆們傷透腦筋。一八五五年，一個總部設在倫敦、名叫「大都會縮短工時協會」的組織發起「星期六休半天」的活動，鼓吹勞工們在下午一點就關門休息。在《等待週末》一書裡，作者黎辛斯基（Witold Rybczynski）寫道，雖然該組織真心想要縮短許多店家的營業時間，不必再忍受長達十八個小時的工作日，但它本身是一個基督教團體，發起活動的目的是希望星期日有更多人來做禮拜。他們希望，藉由星期六下午一點提前打烊，勞工能在星期六晚上盡興狂歡，到了星期天才會收心前往教堂。

低收入的勞工，即上述的「那些販夫走卒」，實際上是願意損失一天薪水，來換取一天自由的，他們深切渴望可以好好休息二天。究竟要選時間還是金錢？這通常是我們多數人用來權衡的兩個標準。我是要直接付停車費呢？還是賭賭看，輸了的話再花一下午的時間去補繳欠費？週一曠職畢竟會扣掉一日薪水，所以當星期六休半天還有薪水拿的協議提出時，大多數工人都欣然接受。傳統的「聖潔星期一」隨之消失，週六休半天逐漸成為一八七〇年代英國的常態。

至於週六休一整天的慣例，則要再過六十年後才出現。而我們今日所熟知的「週末（weekend）」一字，首次出現的文獻記錄則在一八七〇年的《食物誌》裡。根據《牛津英語詞典》的定義：「『週末』，指的是星期六到星期一（如果現金和存款夠多的話，可能會延長到更多天）；它是消耗能量的時機。」在這段定義裡，「消耗能量」意味著「運動」或「活動」。在英國維多利亞時期裡，有錢人家多半會在鄉間別墅度週末，從事社交活動——射擊、刺繡、或相親，活動之餘則享用八道餐點的美食。最初的週末活動跟逃離和運動有關，而如今最好的活動依舊跟這兩樣有關。

落實美國勞工界週休二日的主要推手之一，其實是個超級反工會主義者：汽車業巨頭亨利・福特（他同時以反猶太主義而聞名，因此使得他捍衛安息日的舉措令人玩味）。一九一四年間，福特將工廠的工資從每天二點三四美元提高到了五美元。這是個激進的舉措，頗有做公關的意味。於是，成千上萬的人跑去他的工廠應徵工作，還差點引起暴動；多虧警察出動、在嚴寒冬天裡噴水柱鎮壓，才避免事態持續延燒。

不過，這次的工資調漲並不完全如表面上那樣是要仿效歐文式的社會主義[4]。福特之所以會加薪，是因為副總經理詹姆士・考森斯（James Couzens）說服了他；後者指出，此舉不僅能讓企業聲名大噪，而且工資變多以後，員工也更有意願消費——或許會買汽車。一九二六

4 這裡指的是出生於十八世紀晚期英國的烏托邦社會主義者羅伯特・歐文，他也曾在自己工廠裡提高員工工資、縮短工時等。

年，在福特推出一週五天的工作制度時，也重申了相同的觀點。他表示：「休閒變多的人必須擁有更多衣服；吃更多樣的食物；而且需要更多元的交通工具。」

福特的這番話不管是有心還是無意，都表達出人們看待週末的一項核心矛盾：週末的時間不僅是拿來休息、也是拿來消費的。馬克思主義者可能會指出，週末是企業的一種欺騙行為，是懸掛在員工眼前看得到、卻吃不到的一根胡蘿蔔，用以把員工拴在工作上。正如經濟學家約翰．加爾布雷思（John Kenneth Galbraith）所言，生產——以及企業——的使命就是「創造出產品得以滿足的需求」，而週末正是需求獲得滿足的時候。

姑且不論這些說法是真是假，其實人們對於週末的渴望，應該不單只是因為想要購物。工作結束後，我們得以空出時間跟別人相處，或跟自己獨處，又或兩者皆有。在一週其他所有日子裡推動我們的那只時鐘，如今不再發出聲音（或至少被關掉），時間因此空了出來，喚醒我們內在的慾望、想法以及動力。

在《安息日世界》（*The Sabbath World*）一書中，作者茱蒂絲．舒勒維茲（Judith Shulevitz）將安息日比喻成精神分析的治療過程：痛苦卻深刻。因為它「帶你脫離凡俗的時間，強迫你進入所謂的神聖時間——永恆的無意識時間，無窮無盡、未經雕琢的無限時間，沒有先後順序之別，全都打亂了。」

然而，最終真正鞏固週末制度的並非上述的詩句，而是實用主義。在一九二九年經濟大蕭條期間，許多行業開始將一週上班的天數縮減到五天。在動盪不安、低度就業的經濟情勢裡，某些人的工時減少，等於騰出更多工作給其他人做（至今，一些歐洲國家仍然保有這樣的想法：像德國在面臨二〇〇八年經濟危機時，就在全國各地實施了一個名為Kurzarbeit的工作共享計畫，意思是「短時工作」）。美國人因此體驗到工作量減少的感覺，而且令人震驚的是，他們很喜歡。政治家注意到了這一點，於是在工會勞工的引導下，羅斯福總統於一九三八年簽署《公平勞基法》，明文規定週末休二天，一直沿用至今：從此美國人受到每日八小時工時、每週工作四十個小時的法令保障。

用一個世紀才贏來的週末，毀掉它只花幾十年

週休二日制就這樣一步步逐漸實現。但值得注意的是，看似進步的事情，在某種程度上只是回歸更早以前的生活方式（從前的從前）。要知道，人們開始一週長時間埋首工作其實也才（大約）兩百年之久，它是工業資本主義興起、從封建生活轉型之後的產物，只是人類漫漫長史中的一小點。

換句話說，現在的你，即便擁有各式各樣的小工具，以及節省時間的設備，你的工作時間可能還是比中世紀的農民要長。在中世紀時期，工作和娛樂的分界並沒那麼清楚。雖然農奴必須服侍領主，但他們始終處於「工作時間」，住的就是自己工作的地方，吃的喝的都從這些地

方取得，要找樂子也一樣在這裡。跟那些拒絕休假的典型工作烈士不同，這些人不怕放假：在宗教改革之前，歐洲教會的日曆可能會標註多達一百五十六天的假期，這是維持教友忠誠度的聰明之舉。

據估計，英國中世紀的普通農民一年大約有三分之一的時間花在休閒和度假上。十四世紀的英國在高工資期間，人們有許多不工作的好理由，如：婚禮、孩子出生、喪禮；有雜耍表演可看；還有星期天。工作本身雖然苦，得耗費體力，但他們可以靠不工作的時間來緩衝調劑。（當然，就算福利再怎麼棒，我們多數人還是不會選擇回到那個年代，過著下田耕種、飽受飢荒之苦的生活。）

波士頓學院社會學教授暨《工作過度的美國人》（*The Overworked American*）一書作者茱麗葉．修爾（Juliet Schor）寫道：「那時的生活的步調很慢，甚至悠閒；工作的節奏也很放鬆。我們的前人可能並不富有，但他們有大把的休閒時間。」每週工作五天是一個比較新的概念，而且我們到現在還是沒有照著做。

接下來的數十年間，全球多數國家跟進實行週休二日。截至一九五五年為止，採週休二日的國家有英國、加拿大和美國；至於歐洲各國，大多數為週六休半天。到了一九七〇年代，沒有一個歐洲國家的每週工時是超過四十小時的，許多還低於四十小時，而且全都奉行週末休二天的規定。

在中東，休星期五和星期六的週末成為二十世紀下半葉的常態。在某些波灣和北非國家，週末則訂在星期四和星期五。但是隨著經濟從本地化轉向全球化，那些為了跟西方人做生意而保持時間同步的國家，週末的形態也跟著改變。像阿曼在二〇一三年就將週末從原本的星期四到星期五，改成星期五到星期六。同年，沙烏地阿拉伯政府也頒佈法令跟進，等於釋出樂意跟西方做生意的訊息。

在以色列，週末則未拍板定案，仍在爭論不休。官方明定的週末是一天半，從星期五傍晚到星期六安息日。我記得當我星期五黃昏走在耶路撒冷的街上，才不過幾分鐘的時間，本來人聲鼎沸的市場攤位，一下子全都收攤，整個街道空蕩蕩，要是再有幾顆風滾草，就可能會讓人誤以為這裡是空城呢！它很安靜，而且遺世獨立（但要買個三明治也不是不可能）。

如今，以色列的週末也正在改變，而且是巨大的變化。據說，一些正統猶太教徒因為反對人們不守安息日，就在星期六對搭公車的乘客投擲石塊。不過，星期六也是以色列人購物的大日子；許多商場是營業的，畢竟一天半的週末實在太短。若沒開門的話，上班族要什麼時候才能來買東西呀？為了同時滿足阿拉伯人和基督徒的需求，已經有很多人呼籲要制定週五週六連休二天的週末，以涵蓋各個群體的安息日。二〇一六年，一項主張每年休六個三天週末的法案在以色列議會裡提出，但大家各執己見，爭論不休。

以色列的難題恰恰凸顯出我們許多人在週末面臨的困惑：照顧好家裡事務的需求，以及空出一段神聖時間、什麼事都不做的需求是相互衝突的。我們想要保有時間的渴望，總是與想要花掉時間的渴望相衝突。無論是物質層面、還是心靈層面（或是兩者的組合），休假兩天才感覺合情合理。經過數百年的爭辯、流血，以及修法，週末照理應該是神聖不容侵犯的權利，但事實卻不完全如此。我們用了一個世紀才贏來的週末，但毀掉它只用了幾十年。

有錢人並不有閒

前陣子我搭飛機時，旁邊坐了個年輕人，一副故作老成的模樣。看他的臉只有十幾歲，卻西裝革履的，就像中學生上台演戲，扮演老爸的角色。他主動跟我攀談閒聊，試圖跟隔壁的我打破尷尬，只不過我頭一次聽到他這樣的開場白：「那麼，你在忙些什麼呀？」他事後解釋說這是他最喜歡用的一句破冰台詞，而且是千禧世代使用的酷版本，取代了過時的「你是做哪一行的呀？」

他在共享汽車 Uber 擔任律師，而且是辦公室裡年紀最大的人。「我剛滿三十歲。」他開心地跟我說。當他驕傲且熱情地聊起自己的工作場所時，我腦中浮現出一個畫面：開放式的辦公室，裡面全是工作到深夜的二十幾歲年輕人，而且每天晚上都是如此。接著，我又自行腦補了更多細節：辦公室內擺了幾張乒乓球桌、有好幾隻拉布拉多犬竄來竄去，還有幾台玻璃冰箱，裡頭裝滿了紅牛能量飲料。

為了找新的話題，我問他：「那麼你週末都做些什麼？」他相當自豪地告訴我，他的生活裡沒有週末；他總是在忙工作。

從這一刻起，曾經連接「乾草廣場」和我這位飛機上鄰居的那條歷史繩索，就此斷開了。那辛苦贏來的四十八小時，如今已慢慢削減，而且幾乎沒有任何工會組織為了阻止它消失而奔走。事情不應該是這樣的呀！

一九三〇年，鼻樑上總頂著玫瑰色眼鏡的英國經濟學家凱恩斯發表了一篇流傳至今的知名文章〈我們孫子輩的經濟可能性〉。他預見到在未來數十年間，隨著科技加快生產速度，勞工的工作時數會跟著減少。據他預測，這樣的趨勢肯定會持續下去，最終休閒將取代工作，成為人們生活的動力。世界開始變得全球化；衣食不缺的時代即將到來（他向大家保證，一九二九年的股市崩盤只是一時的，很快就會反彈）。

凱恩斯預測，到了二〇三〇年，他的孫子輩一週只會工作十五個小時。這才是資本主義的精髓，把人們從「視錢如命的思維」解放出來，進而看清錢只是「拿來享受與實現生活樂趣的工具」。未來休閒意識的大幅抬頭，將使人們不再貪婪，轉而一心只想過「美好的生活」：「我們將會尊崇那些能夠教我們如何把握每時每刻、活出精彩的人，那些快樂的人能夠從事物中直接得到享受，例如欣賞田野間的百合，而非一味埋首苦幹或汲汲營營。」

凱恩斯並未給人經濟學家狂妄自大的刻板印象，他所交往的多是劍橋「布盧姆斯伯里學派」的藝術家和知識分子，成天和他的作家好友立頓·斯特拉其（Lytton Strachey）談天話地。長期耳濡目染之下，他在即將到來的大把休閒時間裡，看出各種創造性的可能，得以用來好好欣賞「生活本身藝術」。

然而，凱恩斯也表達了擔憂：要是大把的空閒時間反而導致「普遍的神經衰弱」呢？有了休閒承諾之後，休閒焦慮也隨之而來。無聊，也就是貴族的專利，將逐漸傳染給所有的美國人，變成一種詛咒。一九六四年《生活》雜誌上的一篇文章也揭露了這樣的恐慌：「我們本就是一群野心勃勃、貪婪成癮的人；享受沉思向來不是我們的傳統。」

理論家和經濟學家緊攢雙手擔心即將到來的休閒衝擊，因為它對美國人來說是新奇獨特的，沒人準備好接受它。有些人預見到烏托邦，認為人們終將實現自己全部的潛能——包括情感與藝術的；有些人則為那些教育程度低的階層（「販夫走卒」？）發愁，擔心他們會浪費空閒時間，什麼都不做，這裡到頭來會變成懶人的國度。

當然，事情並未照那樣發展。雖然幾乎在世界上各個經濟先進國家裡，工人的平均工時都比半世紀前要少，包括美國在內；證明凱恩斯的先知灼見並非是完全錯誤的。可是這個統計數據只是個平均值：整體而言，過去三十年來，工時並未大幅下降。

進一步仔細來看，北美教育程度高的高薪工作者，工時甚至比五十年前更長。相較之下，教育程度偏低的低薪勞工，工作時數則變少了（如：低度就業、失業、身兼數個打工職務）。

像這種有錢人的休閒時間比窮人還少的現象稱為「休閒差距」，這是種較新的觀念。在一九六五年，大學畢業的勞工比高中學歷勞工的休閒時間還要多；但到了二〇〇五年，擁有大學學歷勞工的休閒時間竟比高中學歷勞工少了八個小時。換言之，有錢人不再是有閒階層了。

高薪者的雅痞牢騷V.S.多工兼差的零工經濟

其中一個解釋是「替代效應」：高薪的人不太想要休息，因為這意味著少賺更多的錢。自一九八〇年代以來，收入頂尖（前百分之一）的人薪水呈倍數增長，低薪勞工的工資卻停滯不漲，或是減少了。實際上，這樣不平等的差距反而鼓勵了富人多工作、窮人少工作。不過，工作時數最高、休閒時間最少的族群是單親媽媽，時間對她們來說最不夠用。所以，即使勞工的平均休閒時間變多了，但對於收入在兩頭極端的族群來說，感覺休閒都變少了許多。

美國人每年的平均工作時數高達一千七百九十小時，比法國、荷蘭和丹麥多出二百小時；相當於每週工作三十五小時。但由蓋洛普進行的一項獨立調查發現，由全職勞工自己計算的每週工時比這數字高出許多，介於四十一到四十七小時之間。最令人震驚的是，將近百分之四十的員工表示自己每週工作五十小時以上，連週末也照常工作。

根據美國和海外的時間使用調查指出，百分之二十九的美國人表示週末從事給薪的工作，比西班牙勞工多出三倍以上；但這還不包括我們在雜貨店一邊排隊結帳、一邊查看手機或快速寫封電子郵件的未記錄工時。至於英國，則以些許差距輸給美國，排行第二：每十位管理高層中就有四位表示，每週工作超過六十個小時。好一個「美國病」呀！

艾瑪是多倫多一間私人律師事務所的年輕律師，最近成為合夥人。當她談到工作如何滲透週末時，她拿疾病作比喻對我這麼說：「我跟工作的關係不太健康，我擔心自己上癮了；但這是我自己造成的。」她的工作時間長到毫無人性可言：星期一到星期五每天早上七點左右，在太陽升起之前就開始工作。如果幸運的話，晚上八點到九點之間她就能回到家，但大多數時間都是十點以後，有時甚至半夜才回到家。在星期六或星期天早上，她又回辦公室工作（雖然比平時晚去，例如九點）。有一段時間，她星期六和星期日兩天都去工作，但她現在努力維持只去其中一天。

她週末在家有時會做些無意義的事，像是看電視，這時艾瑪就會想：「這一小時我不知道少賺了多少錢。」對於這種將時間換算成金錢的本能，她一點都不感到自豪。在不工作的時候，她會感到內疚，彷彿她讓客戶和老闆失望了。可是，她又痛恨自己變成那種成天埋首工作的人。到了晚上和週末，也是她招攬更多客戶的時機；她會找他們見面喝咖啡、小酌、吃午餐或早餐。這樣的聚會看似輕鬆有趣——實際上或許真的還挺有趣的，但這畢竟是工作。此外，艾瑪週末在家時，她的手機永遠不會關機，她的筆電也始終不離身，走到哪帶到哪。一旦聽到留言或來信提醒，她必定在幾分鐘內回應。

這就是新的常態：隨身攜帶智慧型手機的專業經理人聲稱，每個上班日要花十三個半小時處理工作相關的事宜。在我們清醒的時候，幾乎沒有連續三小時不工作的。智能手機用戶平均一天要查看手機一百五十次左右，其中以年紀輕的人頻率最高。即便許多時候我們滑手機只是查看推送，但我們始終處於永不停歇的準工作狀態。我們等於把工作放在自己的手提包和背包裡，隨身帶在身上。我們跟工作永不分離：誰都能隨時找到我們，工作也總能找到我們。

據一項研究指出，有太多太多的富裕家庭抱怨時間不夠用。倫敦大學皇家哈洛威學院丹尼爾・漢默許（Daniel S. Hamermesh）教授在分析李正敏（Jungmin Lee）論文裡的全球時間壓力數據後，發現社會中最高薪的那群人，同樣也最擔心自己時間不夠用，對此他提出了一個創新名詞：「雅痞牢騷」。我懂了：如今有那麼多失業的人苦於時間太多，還有成千上百萬身兼二、三份低薪工作卻仍過著貧困生活的人，若我們還嚷著想要休閒，就實在太任性了。這麼說，重拾週末的議題是否就沒那麼急迫了呢？

我認為，現今數位時代為我們提供了一個絕佳的階級平等機會：對於每週、甚至每天工作時間都不固定的輪班制勞工來說，時間的掌控權一向不在他們手裡，他們始終得跟別人競爭輪休的時間。創新科技意味著處於拼湊經濟第一線的藍領勞工比以往任何時候都更容易找到；一旦加班需要人力，只需傳個「需要加班」的訊息，馬上就有人回應接受。隨著世界各地星期日購物法規的鬆動，薪資較低的服務業和零售業員工首當其衝。對他們而言，所謂的「週末」，往往是一星期中的某二天（前提是要夠幸運才能休到），而且不見得連著兩天一起休。

但是，在高學歷者之間形成的超時工作文化，不應遭貶低為「雅痞牢騷」，彷彿痛苦可以量化，彷彿其他人沒有足夠的同理心。沒有充裕的時間照顧好我們的生活，包括我們的家庭和我們的心靈，是個很嚴重的問題；它不僅會對社會帶來負面影響，而且波及的範圍很廣。

研究指出，有高達百分之八十的上班族父母會感到匆忙，而且男人女人都一致表示，很難找到工作與生活的平衡點。據記者兼「新美國理想生活實驗室」的主任布里吉德．舒爾特（Brigid Schulte）表示，大量的工作和個人需求讓人們不得不有效將時間切割成細小到不行的片段，她把它稱為「時間碎片」。

在我居住的多倫多裡，有一半的工作被視為「不穩定」或「缺乏安全感」，它們意味著沒有額外津貼、沒有工作保障。「零工經濟」的核心就是舒爾特所謂的時間碎片，勞工的時間讓許多事情給細分掉了。對大多數的約聘員工而言，想擁有一大段不工作、只屬於自己的時間簡直就是奢望。

一方面，在這個時代當勞工是很幸福的事：網際網路的興起讓創意工作者擺脫了企業的束縛，小型企業也不需要那麼多的有形資產，負擔不再沉重。但另一方面，沒有保障的工作也引發不安的孤獨感：沒有帶薪假、沒有福利，也沒有退休金。研究表明，工作不穩定的壓力對健康造成的傷害，可能比失業還更嚴重。

蕾貝卡今年二十二歲，算是千禧世代一族。在一個星期內，她有許多工作要做：餐廳服務員、隨車導遊、特約記者，以及媒體工會的志工。每天工作之餘，她還花好幾個小時為她夢想的職業——數位媒體——努力紮根，為多個網站撰稿（通常稿酬很低，甚至完全無償）。而且她幾乎從未在星期五或星期六休息，因為她得去餐廳工作。她不在乎是否能在傳統猶太基督教的週末放假；不過，若有機會的話，她想要連續放兩天假。只是從她大學畢業後，連休兩天的次數屈指可數。「我喜歡連著兩天休假，因為這樣才有真正休息的感覺。放假第一天時，只覺得終於不用工作了；但要到第二天，我才能真正放鬆。」當然，時薪勞工在休假時通常沒有薪水可領，無論他們在星期幾休假都一樣。

在安大略省，一個名為「城市勞工計畫」的團體正努力整合此一不斷增長的族群，向立法機關遊說，為自由工作者爭取更多的保障和福利。他們要求立法改革，防止資方強行將全職員工歸類成「獨立約聘員工」，這是雇主刻意規避帶薪病假和育嬰假的常用策略。

另外，深感工作不穩定的還有美加各大專院校有志不能伸的學者。隨著終身教授制日漸勢微，這群人只能被迫接受副教授（或學期約聘教授）的職位，無法再繼續高升。如今，高等教育的殿堂裡，充滿著沮喪、學貸仍未還清的博士級教授，不但時薪低，還不能保證下學期有課可以教。

我就認識一位名叫米雪兒的年輕戲劇系副教授，她在多倫多地區的三所大學裡兼課。她沒有專屬辦公室或研究室，一整個星期都得奔走在各個校園裡，跟巡迴樂團沒兩樣。週末時，她還得備課和批改作業。她表示：「每天都感覺像是星期五，每天也都感覺像是星期一。」

然而，工作處於不穩定狀態的不僅是年輕人而已。我有位中年朋友是個非常成功的記者和小說家（他現在所處的職業生涯階段，可能是蕾貝卡打拼二十年後才能到達的），據他描述，自己隨時隨地都保持神經緊繃，期待有故事可寫，等著廣播電台或電視台打電話找他上節目發表專業見解。他坦承，只要有工作上門，他幾乎從未拒絕，因為他擔心從此可能不再有人找他。最近，他好不容易有個假期得以陪兒子去貝里斯度假，中途卻不得不返回飯店處理臨時接下的案子。為了經營個人品牌，即使已有響亮的名號，他星期五也不得閒。他表示：「是零工經濟扼殺了週末。」

到底要到什麼時候我們才會公開承認這種生活方式已屬於公共衛生的問題呢？以下我簡短列出隨時處於「開機」狀態的幾項真實影響：在聽見收件匣的提示聲時，我們的身體其實會釋放出壓力荷爾蒙；當我們花太多時間在電子設備上，意味著我們失去了專注的能力；長時間工作會導致體重增加，以及焦慮程度的提高；每週工作五十五小時以上的勞工，其中風的機率要比每週工作三十五至四十小時的勞工還高出百分之三十三。

失去空閒時間通常也意味著失去睡眠。那種修復身心、甚至靈性的深層睡眠（姑且稱它為「週末覺」）已愈來愈少有了。我們大多數人比十年前睡得更少，睡眠品質也更糟。有百分之四十的美國成年人被視為睡眠不足，每晚睡眠時間不到六小時。睡眠不足會連帶引發肥胖、認知能力下降，甚至罹患阿茲海默症和癌症。美國總統川普吹噓說他每晚只睡九十分鐘到四個小時不等，彷彿這是一種強權或企業戰略成功的象徵。但實際上，睡眠不足是失序行為的強力預測指標。

此外，睡眠不足還會造成更深層的傷害。加州大學柏克萊分校「睡眠和神經影像學實驗室」的馬特．沃克（Matt Walker）曾為文指出缺乏「慢波睡眠」的負面影響：在這個睡眠階段裡，電波會在大腦各個區域間緩慢移動。

在一個名為「好奇心」的播客裡，沃克表示，訊息在這段過程中會進行深層廣泛的傳遞交流，強化連結，並建立「錯綜龐大的認知框架」。「有了它們，知識才可能轉化為智慧：知識是由個別事實中習得，智慧則是從全方位理解得來的。」我一聽到這種說法，就直覺沒錯：當我們累到無法入眠、當我們沒時間休息時，我們自身最根本、也是最重要的智能發展，也就是我們的智慧，就會遭到削弱。要知道，智慧必須靠休息才得以順利培養。

快轉人生的過勞死結局

在日本，「karoshi」這個字指的是「超時工作死亡」。從統計數據來看，日本勞工每年的工時記錄都比美國要少，但無償加班的風氣使得這個數據荒謬不可信。據估計，介於三十到四十歲的日本男子中，每三位就有一位每週工作超過六十小時，甚至為工作而死。有人真的是倒斃在辦公桌上。這儼然成為一種活生生的現象：在二〇一二年，就有八百一十三個家庭因為「超時工作死亡」而獲得保險理賠。依照法律規定，政府必須支付「超時工作死亡」勞工的遺屬每年約二萬美元的賠償金；而公司則可能需要支付高達一百萬美元的賠償金。

近來，在中國躋身已開發國家之列後，似乎也出現跟日本類似的問題。據《中國青年報》報導，超時工作的歪風已在白領上班族之間流行起來。據稱，二〇一四年銀監會主任李建華之所以死亡，就是因為他通宵趕報告。該報指出，中國如今也借用日文中的「karoshi」來形容當地超時工作死亡的歪風，進而創造出一個新的中文語彙：「過勞死」。

如果我們需要從亞洲以外找個悲劇，好概括總結「超時工作邪教」的嚴重性，那我們不妨來看二十一歲莫里茨．埃哈特（Moritz Erhardt）的例子：他被人發現死在自己東倫敦公寓的浴室裡時，躺在蓮蓬頭下，水還繼續在流。

在埃哈特曇花一現的人生裡，有著許多輝煌的成就。媒體將他描繪成跨欄選手：雙臂肌肉鼓脹、雙腳騰空飛越，清除一個又一個障礙。據《明鏡週刊》一則長篇報導指出，他是德國西南部黑森林山腳下布賴斯高地區施陶芬高中的明星學生。畢業後，他進入杜塞道夫附近一間頂尖商學院——法倫達爾WHU管理學院就讀，表現優異。這間學校到底有多頂尖？我們可以從學生畢業時獲贈的禮物上看出來：一大本紅色書，裡頭包含歷屆校友的聯絡資訊，有了它等於是拿到權力界的「威力旺卡金彩券」，前途無量。

埃哈特後來遠赴美國密西根州安娜堡的羅斯商學院修一學期的課，《明鏡週刊》是這麼描述的：「在羅斯商學院裡，每週花六十個小時在課程上是很正常的事；給學生超荷負擔是該學院的用意之一。莫里茨因此學會高效、目標導向和迅速；他沒有機會放慢腳步。」

在埃哈特的人生故事裡，沒有任何放慢腳步的時刻，也沒有休息；二十一年的人生全都在快轉。他後來也順利跨越了羅斯商學院的欄架，來到倫敦的美銀美林集團的投行部門暑期實習。

金融業可說是超時工作的極端代表，它依靠的是外界無法想像的一種工作方式，其結合了剝奪睡眠的實驗，以及捉弄儀式。新手不僅要通宵熬夜，還常要「搭乘旋轉木馬」：指的是幾個年輕實習生共乘一輛計程車回到各自的公寓去，輪流讓每個人匆匆回家換好衣服再重返車上，最後回公司繼續上班；某些年輕的銀行經理人則要憑藉興奮劑阿得拉和古柯鹼才能保持清醒。

二十一歲的阿卜杜拉赫曼・莫林（Abdurahman Moallim）曾在一家大型跨國銀行實習，他告訴《衛報》，幹這行要成功，靠的是出類拔萃的本事。「通宵熬夜者往往被大家視為榮譽的表彰，像實習生之間就常在一早吹噓自己前晚工作了多長又多長的時間。每個人都想表現出自己具備這個行業成功所需的必要條件：持久力。在華爾街，實習生會開玩笑說自己也是九五工作制，只不過是早上九點到隔天早上五點。

埃哈特的父母表示，他們經常在早上五點收到他寄來的電子郵件，可能是從辦公室發出的。在他猝死於淋浴間之前，有證據指出他已連續七十二小時忙著工作沒空睡覺，十分可怕。經驗屍解剖後，發現他有癲癇病史，一直都有服用藥物控制病情。驗屍官指稱，雖然調查結果仍未定論，但過勞可能跟他的死有關。

無論死因為何，年輕銀行從業者的死亡已然敲響警鐘。這是哪門子的瘋狂？那又是怎樣的一種生活？在媒體不斷播放的一張照片裡，年輕俊秀的他穿著像一九八〇年代電影《華爾街》裡、由麥克・道格拉斯主演的霸道大亨哥頓・蓋柯（Gordon Gekko）一樣。蓋柯梳著油頭、穿著細紋襯衫的模樣，完美體現他的座右銘：「貪婪是好的；貪婪很有用。」埃哈特的父母公開譴責媒體這樣的解讀；他們表示，那只是兒子還在德國唸書時於某次化妝舞會上的裝扮。他們的兒子跟所有的孩子一樣，富含無窮潛能。

當然他父母說得沒錯，但那張照片的戲劇效果的確引起沉重的共鳴。他扮演了一名成功上班族的角色，而且演技十分出色，相信我們當中有許多人工作時也會這種感覺。我們扮演一個不需要週末的角色，否定所有一切跟事業發展無關的經驗需求。他裝扮成哥頓・蓋柯模樣的這張照片似乎是象徵性的，長時間工作不僅是金融界才這麼要求，其他領域也是如此要求員工的；長時間工作和沒有週末的生活看似不錯。即使我們這些不像銀行經理人一樣工作的人，聽到埃哈特的事情都還是心有戚戚焉，感嘆自己也受到同等瘋狂的工作模式所害，只是程度不一。同時我們也不免擔憂，那種唯工作獨尊的思維是否正逐漸影響我們，即便在從事沒那麼光鮮亮麗的工作時，仍然在週六晚上拿出筆記型電腦工作，到了星期天還去辦公室加班。

週休與否，攸關生死

在埃哈特去世後幾個月，高盛集團宣布針對其實習生計畫進行改革。如今，實習生每天的工時上限為十七小時，同時建議他們不要在早上七點前上班、也不要工作到半夜十二點。對不起哦！我得說：一天工作十七個小時，在我聽來還是很誇張。

比起這令人匪夷所思的改革，更讓我印象深刻的是該集團執行長勞爾德．貝蘭克梵（Lloyd Blankfein）的一席話，他力勸實習生不該把整個人生都交給公司。他說：「你們必須做個有趣的人，你們必須具備廣泛的興趣，別把目光狹隘地只放在眼前你所做的事情上。」這番話精準揭露出週末之所以重要的另一項論據：週末是用來挖掘你「非工作自我」的時間，並且發現自己是個什麼樣的人。這不一定會讓你成為更優秀的員工，但肯定會讓你成為更優秀的人。所有的工作無論再怎麼有趣，都會把我們變得無趣。誠如貝蘭克梵所說：「你必須成為一個別人想要跟你聊天的人。」

事實上，沒有充足的理由叫人非得像這樣工作。自從生產力的研究報告首次於二十世紀公布以來，專家們不只一次發現：勞工在每天工作八小時、每週工作四十小時的條件下，生產力最高。

誠如社會未來學家莎拉・羅賓遜（Sara Robinson）在Alter Net上發表的一篇文章裡所述：「平均而言，你一天工作十小時的產值，並沒有比工作八小時還多。同樣地，一週工作六天的總產值跟工作五天是完完全全一樣的。」短期的增加工時可能會提高些許的產值（譬如為了某個大案子而加班一、二個星期、每星期工作六、七十小時），但在接連二個星期都加班到很晚之後，生產力便開始迅速降低。

任何系統或裝置一旦負荷超載，便會逐漸耗損、效能也跟著下降。據史丹佛大學約翰・潘卡韋爾（John Pencavel）的一篇論文指出，減少工時的確會提高生產力。潘卡韋爾檢視了某份一戰時期的研究報告，當時英國政府要求軍需用品勞工健康協會的研究人員提交他們在兵工廠工人身上收集而來的數據，以找出大幅提升生產力的方法。他們在半個世紀前得出的結論是：工人需要減少工時，才會生產出更多的東西。

在二〇一四年，潘卡韋爾再次確認了這項研究結果。當時產值很容易測得出來，因為工人的薪水是以件計算的。潘卡韋爾發現，工時與產值之間為非線性的關連。在工作五十小時之後，工人的產值（即生產武器的數量）開始減少。工作五十五小時後，產量銳減為零。工作七十小時跟工作五十五小時所生產出的軍需品數量是一樣的；多出的那十五個小時，純粹是浪費時間。

一九一七年的研究人員指出，尤其在星期天工作時，生產力更是大幅下滑，工人患病率也增高，報告裡寫道：「長時間的嚴重超時工作，特別是星期天加班，對於勞工的健康無疑是最有害的影響」。然而，長時間工作以及週末不休息的戲碼直到今日依舊在上演。可悲的是，它也可能獎勵了那些參與其中的人。

波士頓大學凱斯特羅姆商學院的教授艾琳．里德（Erin Reid）在一家頂尖全球策略諮詢公司裡採訪了一百多位員工。這裡有著每週工作六十到八十小時的企業文化，公司希望員工在週末隨時保持待命；若是需要你飛哪兒出差，你得二話不說立刻上飛機。正如里德論文裡某位顧問所描述的：「這真的沒有商量的餘地，你沒法說：『我實在不能去。』假如你沒去成，多半只是因為你同一時間有別的客戶會議要開。你知道嗎？我實在說不出口，說我去不了是因為我的……我的兒子要參加幼童軍大會。」

但無可厚非地，現實生活偶爾還是會影響到工作，例如參加葬禮、看牙醫等。里德發現，如果碰到這類私事要處理，女性比較會正式提出要求，希望上司給予她們方便，譬如下午休半天假，或安排彈性的班表；但男人則傾向於不匯報上司，只是私下找時間處理。為了維持工作與生活的平衡，男性顧問比較會採用「躲避雷達偵測」的策略，例如：跟客戶約在辦公室附近，或是在家工作；靠著這類的摸魚技倆，他們得以忙裡偷閒而不讓老闆發現。

由於女性顧問在工作中坦誠表達自身的需求，她們經常遭到邊緣化，被認為工作績效不佳，而且無法順利升遷。相反地，那些工作量跟女人一樣、但避談自身需求的男人，一旦成為大家公認的工作狂，卻往往被公司視為理想員工。至於那些表現像女人的男人，例如坦誠跟公司要求在工作與生活取得平衡，就會跟他們的女同事受到同樣的懲罰。一名男性顧問在他女兒出生時提出休假三個月的請求，可最終只得到六星期的無薪假，而且隨後的考績還被評為劣等，為他六星期的假期付出了慘痛代價。

因此，里德的研究發現到女性難以升遷的另一個原因，並證實了這個灰暗但不足為奇的消息：許多企業仍然堅決抵制那種為員工現實生活著想的體制變革。社會學家用「貪婪機構」一詞來形容那些要求員工百分之百投入、隨傳隨到的工作場所，它們創造出一種封閉、唯工作獨尊的世界。有什麼會比這樣的工作場所還要貪婪呢？它們把員工當成三歲小孩，評價他們成功的標準不是產值，而是在辦公桌前工作的時間。

但在里德研究裡有一點非常值得我們注意，那就是：管理階層真的無法判斷員工是實際工作八十小時，或只是裝出來的。研究人員並未發現有任何證據足以證明工作時間最長的員工能比別人完成更多，而那些偶爾遠離繁忙工作、走入現實生活的員工，也沒證據指出他們比別人完成較少的工作。但是忙碌、疲憊的景象，始終主宰著辦公室。

我在廣播公司擔任主管時，競爭忙碌是那裡的常態。每到星期五下午五點左右，有位同事總是故意在門口附近徘徊，卻又給人一副絕不可能走出去的樣子。此時，準備下班離開的我會跟他說：「週末愉快！」他則會回說：「蛤！什麼週末？」一副驕傲的模樣，整個沉醉在他為公司犧牲的榮譽裡，他認為這樣就會贏過我，殊不知這是一場沒有任何贏家的比賽。

他這麼做實在可笑：事實證明工時長與經濟成長之間並無任何關聯。事實上，經濟合作暨發展組織發表的年度生產力報告證實了「短工時有利」的結論。在生產力（即每工時的產值）最高的前幾名國家裡，人們工作的時間比較短。「國內生產總值（GDP）」排名最高的前十個國家當中，就有七個上榜：盧森堡、挪威、瑞士、荷蘭、德國、丹麥和瑞典；這七個國家同樣也名列工時最短的十大國家榜單。反觀那些工時長的國家，已證實競爭力較弱。在經濟發達國家裡，韓國和墨西哥是工時最長的國家，但這兩國的生產力排名都非常低。

生產力排名跟美國不相上下的國家是法國，這兩國生產力都不高；但是下週日當你坐在辦公桌前加班時，不妨想想這一點：法國勞工有三十天的帶薪假、優雅穿戴圍巾的能力，以及托兒補貼。令人汗顏的是，在所有發達經濟體當中，唯有美國沒有提供帶薪假。

在某些情況下，漫長工時甚至可能造成影響廣泛的大災難。在「挑戰者號太空梭」爆炸案與「艾克森瓦德茲號」漏油災害的調查中發現，疲憊不堪、精疲力竭的勞工所做出的決策，很可能是招致這些慘痛結果的原因。

此外，長時間、幾乎沒日沒夜工作的醫療從業人員，可能導致醫療疏失，甚至造成患者死亡。四十八小時的週末非常重要，它讓人得以從忙碌生活中抽身休息。能否擁有週末，確實攸關著生死。

最幸福的企業？以玩樂之名，行工作之實

我們和工作的關係，以及更進一步延伸到我們與休閒和週末的關係，究竟是怎樣變成如此混亂的呢？回想我在飛機上遇到的那位年輕的Uber律師，從他吹噓自己不放假、不休週末的模樣，一副高科技文青的獨特態度，我似乎看到了一些線索。

最初設計麥金塔電腦的團隊曾穿著一件T恤，上頭寫著：「每週工作九十小時，我超愛的！」這是書呆子自我吹捧的原始版本，不過，經生產力專家的估算，如果他們每週工作時間只有一半的話，第一台麥金塔電腦可能會提前一年就問世了。然而，寫著「每週工作四十五小時，我超愛的！」字樣的T恤，可一點都不炫呀！

這件來自一九八〇年代中期矽谷的T恤，有可能是扭曲我們今日對工作態度的元凶之一。隨著許多發達經濟體從製造業與工業轉型為知識型產業後，我們的工作方式也產生了變化。在漫長的白日和黑夜裡，一邊打著乒乓球（我之前提過某些公司裡是有乒乓球桌的），一邊任由思緒天馬行空的畫面，是現代工作的理想化形象；這是都市理論學者理查・佛羅里達（Richard Florida）對那些喜愛大肆吹噓的「創意新貴」所下的簡要定義。

佛羅里達表示，這個團體涵蓋大範圍多種領域的白領上班族，包括「科學與工程、建築與設計、教育、藝術、音樂和娛樂界的從業人員，他們的經濟價值是創造新的想法、新的技術，以及新的創意內容。」比起兵工廠，這類工作的產值更不容易測量；畢竟工作本身是無形的，沒有開始、中間或結束。如果工作產出的結果是想法，那麼除非是設有最後期限的個別項目，不然工作者怎麼知道何時才算做好、才能關燈回家呢？但話說回來，你為什麼要關燈回家？反正你有紅牛能量飲料和辦公室派對呀！「半島美國」上的網路作家莎拉．倫納德（Sarah Leonard）就一針見血地指出：「矽谷成功地將工作偽裝成一種生活方式的選擇……。當你穿著人字拖上班、坐在瑜伽球上試圖保持平衡時，你很難覺得自己是被剝削了。」

我們不妨將這種融合工作和玩樂的高超手法稱之為「工作遊戲」。工作遊戲甚至體現在辦公室的設計裡：明亮糖果色系的公共工作空間已蔚為流行，營造得跟幼稚園的遊戲區一樣。在位於舊金山的Live Fyre公司裡，有好幾個內凹的空間，兩邊鋪上藍色地氈，空間大到可以容納好幾個員工在裡頭盤腿而坐。

到Evernote洽公時，迎接客戶的不是接待員，而是端著一盤甜甜圈的咖啡師。原以為這只是網路公司裡的標準配備，但多倫多某家兒童出版社所在的媒體中心卻讓我大吃一驚，它的大廳裡居然有一座溜滑梯。沒有人會說甜甜圈和溜滑梯不酷的，比起一九八〇和九〇年代又小又擠的無趣辦公隔間（像極了養牛場的畜欄），這些替代品受歡迎多了。但是，這些美學導致的結果卻不如設計本身那麼可愛：它是為了讓人忘記自己在工作，因此你不介意待到很晚，也不介意星期六到公司加班。換句話說，這些超級酷的辦公室是設計來把你留在裡面的。

凱薩琳・羅絲（Katherine Losse）是臉書的首批女性員工之一，在她進入這間當時位於加州帕羅奧圖的新手公司時，裡頭員工全只是一群渴望成功的哈佛宅男。在她的回憶錄《少年國王》（The Boy Kings）裡寫道：她第一天在客戶服務部上班時，目光掃遍整間辦公室都沒看到馬克・祖克柏。沒多久，她得知祖克柏晚上才工作，「因為他有創投的主場優勢，其他商人則通常保持在白天工作。」

少年天才祖克柏總是在《浮華世界》雜誌權勢榜上名列第一，在我寫作的此時，他的身家財產估計有五百六十億美金。他是本世紀創業的成功典範；他創造出一個徹底改變我們生活方式以及相互聯繫方式的產物。臉書的成功如神話一般，但它的工作模式卻看起來十分隨興。矽谷的公司向來不像昔日產業給人壓榨弱勢勞工、獲取暴利的形象。隨著經濟權力從聲名狼藉的東海岸金融走廊，向西轉移到太平洋沿岸閃閃發光的網路世界，我們的工作方式也跟著轉向人字拖和彈力球了。

羅絲筆下的臉書文化，是員工在祖克柏所租的海邊別墅裡工作到深夜，週末也要加班。無論是工程師還是像她一樣的低技術人員（薪水同樣也很低），都在這裡吃喝玩樂，累了就在公司裡睡。在公司草創的那些日子裡，臉書的員工多半是年輕人，沒有小孩的負擔。

在我們二十幾歲的時候，多數人不介意把辦公室同事當成家人的替代品。而且，工作之於我們，還是一個閃亮亮的新物品，讓人不想放下。羅絲寫道：「在沒有其他事情可做的時候，我們總是可以深夜裡在空無一人的辦公室裡跑來跑去，偶爾玩著男孩們帶來的成堆玩具和遊戲，躺在大型的懶骨頭上發懶。這種沙發可是矽谷企業特有的家具。」她還說：「從許多方面來看，我們那年的感覺就像在一間超大型幼兒園裡生活。」

這些公司十分擅於提供此類的甜頭，讓工作感覺不太像工作，反而更像是一個自給自足的完善世界，讓人永遠不想離開。「公司總部」的說法已經過時，那是冷戰時期的措辭；現在流行說「校園」，給人親切的感覺。像科技校園裡，就可能包括了健身房、禮賓服務、乾洗店和按摩店。據一位退休程式設計師的回憶，在他搬進一家大型遊戲公司校園的公寓時，曾被告知那地方是專門給「藝術家」住的。有了這種把人捧上天的標籤，就足以令我們多數人開心到願意更賣力工作了。

表面上反階級且高度社會化辦公室的興起，至今已有數十年歷史。羅伯特・霍華德（Robert Howard）在其一九八五年所著的《美麗新辦公室》（*Brave New Workplace*）裡，稱這些工作場所為「令人著迷的辦公室」：用魔法迷住員工的工作。霍華德指出，這些開放、超級有趣的辦公室一不小心就會造成權力的濫用，以及員工私生活的侵犯。三十年後，數位裝置更使得工作和玩樂的分界愈趨模糊。雖然它帶給我們如此多的樂趣，所導致的結果就是工作滿檔的週末。

天堂般的辦公室，其實是血汗工廠

矽谷不僅虛構出不間斷工作的樂趣，它還是一處讓人長時間煎熬工作、惡名昭彰的地方。二〇〇四年，一位自稱「藝電配偶」的遊戲玩家在Live Journal部落格上發文，講述她老公在藝電公司當程式設計師的工作是如何可怕：他為了設計遊戲《魔戒：中土大戰》，必須每週工作六天，每天十二個小時。這些都還只是「關鍵時刻前」的工時狀況。到了真正的「關鍵時刻」時，即產品完成期限到來之前，他每週得工作七天，從上午九點一直到晚上十點，平均每週八十七．五小時，還沒有加班費。而且，員工只能偶爾在週六晚上休個短假，從傍晚六點半開始。

她寫道：「不斷的壓力造成嚴重的後果。工作到了一定時數之後，眼睛便開始失焦；工作到了一定週數之後，終於有一天能休息，疲勞卻開始累積，並以幾何級數增長。週末安排兩天是有它的道理，倘若不足兩天，那麼一個人的身體、情緒和心理健康肯定會出問題。這個團隊一方面在努力排解難題，一方面卻又不斷快速衍生出大量的錯誤。」

她的文章在網絡以及主流媒體上引發軒然大波，進而提起了集體訴訟。「藝電」與索賠原告達成和解，據稱他們拿出一千五百六十萬美元來彌補之前未支付員工的加班費。

根據國際遊戲開發者協會的執行長凱特・愛德華茲（Kate Edwards）表示，十年過去了，遊戲產業裡的工作與生活平衡已稍微有所改善（該協會旨在為遊戲產業勞工遊說爭取更好的工作環境）。然而，在IGDA最近的一項調查裡發現，有百分之六十二的開發人員會碰上「關鍵時刻」，但只有百分之三十七的人獲得經濟補償。她說：「這當中產生了某種特定的榮耀感，就像是一群弟兄在戰場上奮鬥的概念——因為這是個男性為主的產業，而這戰場正好就是『關鍵時刻』。曾有開發人員告訴我：『呃，妳還記得二〇一二年的關鍵時刻嗎？我們在辦公桌下窩了兩個星期——沒有洗澡，很棒的經驗！當時我的反應就是：『哪有？才不棒呢！』」

那麼，一群遊戲開發人員深夜在加州的辦公室裡忙著創造巫師，這跟我們其他人又有什麼關係呢？這是創意力團體超時工作的一個極端版本，它會徹底吞噬我們的週末。在這令人著迷、全開放無隔間的辦公室裡，展現出「努力工作、努力遊玩」的男子氣魄。你們想想，有什麼會比巫師更迷人？而且，那個魔法令超時工作的大門一直開著。

凱特・愛德華茲對我說：「我們詢問那些遊戲開發人員為何要做這份工作時，他們的答案跟藝術家，也就是作曲家、作家、畫家等等是相同的。他們跟我們說他們熱愛這工作，他們永遠不會停下來的；你面對的是一群對工作如此熱情的藝術家。而我的職責是要告訴大家，我們跟藝術家實際上是不同的：我們既是藝術形式，又是生產者。」

我們多數人比較喜歡自己更像藝術家，而非員工。或許我們當中某些人真的是藝術家，可是這樣的思維方式卻為勞力剝削創造了大好機會。一旦我們相信工作其實並非工作，我們便感受不到休閒其實是另一種完全不同的生活方式。要知道，工作時間並非玩樂時間：前者具有金錢和交易的價值，後者則是自由的、獨立自主的、不受束縛的……。

但弔詭的是，今日許多被視為最具創意、最受人喜愛、且最成功的辦公場所，往往也被描述成最可怕的工作地點。像臉書、《赫芬頓郵報》、亞馬遜等，它們為了戰勝時間而付出代價，它們從不停止營運。誠如臉書財務長暨暢銷書《挺身而進》作者雪莉・桑德伯格所描述的：「臉書全天二十四小時都在營運，而且多數時候，我也是如此。我已經很久沒有機會拋下一切，去好好度個週末或假期了。」

不僅如此，這些公司的產品也同樣每週七天、每天二十四小時隨時可以發貨，寄送包裹和書籍、發送新聞給我們，有些甚至一小時內就送達（或許是透過無人機）。如果他們總是順利達成任務，我們便會忘記這些服務的產出是需要時間以及人力的。每當三更半夜有人點擊按鈕下單，便意味著倉庫裡有某個人得爬上梯子取貨。它們銷售的是零時差的服務；它們拒絕停頓！這些公司供應鏈上的工人早已習慣這種快節奏，哪裡容許休息或動作慢？

由於其重大的文化意義，矽谷的工作遊戲模式似乎也從數位轉向其他領域了。以網站傳媒《赫芬頓郵報》為例，它在世界各地發行不同語言的版本，專門收集網路上流傳的大大小小新聞以及名人八卦。這類網站本身就需要爭分搶秒地更新內容，因此員工的工作節奏相對就快。

據說，無論是撰稿者、編輯、還是短片製作人，都必須不斷快速擠出新聞交差。每時每刻都有接不完的電子郵件，尤其大多來自於公司創辦人兼活招牌阿里安娜・赫芬頓；據某些員工表示，她只有在凌晨一點到五點之間才會停止按傳送鍵。

反諷的是，赫芬頓還是個獨樹一格的優質生活達人，提倡大量睡眠和「數位排毒（digital detox）」，還為員工準備了冥想和瑜伽室。但在她推出這些福利的同時，她自己卻因過度疲累而在辦公室暈倒，導致顴骨碎裂，醒來時滿臉是血。在那之前，她已連續多日工作十八小時，一天只睡四、五個小時。

此外，亞馬遜也因媒體揭露血汗工廠的內幕而飽受輿論譴責，其不人道的作為包括倉庫過熱（在它位於賓州的一間倉庫外，就有救護車長期駐守，隨時為熱暈的工人急救），還有機械化、「歐威爾式」嚴密監控員工的手段。這是藍領的部分。但在二〇一五年一篇引發熱烈迴響的紐約時報文章裡，作者朱迪・坎特爾（Jodi Kantor）和大衛・斯特雷菲爾德（David Streitfeld）還披露出該企業巨頭裡白領的辛酸。

據他們描述，員工常會在三更半夜接到電子郵件轟炸，倘若不回信的話，還會接到簡訊質問原因，它的企業文化就是如此。此外，他們每天晚上和週末的時間都被電話會議佔滿；就連復活節和感恩節也得隨時待命。有位員工就曾在「高客網（Gawker）」上爆料，說自己因為某個星期六看電影把手機關掉而遭到公司責罰。

對每一個悲慘的員工而言，彷彿自己以外的每個人都能順利在你死我活的拼搏下茁壯成長，且推崇公司創始人傑夫・貝佐斯（Jeff Bezos）的那套武士做法。

FB創辦者的夢想是：什麼事都不做

那至於我們其他人呢？我們的工作時數其實很容易測量，回覆電子郵件的速度也可以量化。只是回信品質的好壞，以及工作成果的優劣，則需要更精確的評量工具。如今，許多追求創新的公司大力鼓吹採用經驗數據做為衡量成功的標準，認為這套評量方法十分先進，殊不知它早已不合時宜了。它在數位時代所評測出的員工工時，跟維多利亞時期由煤礦廠工頭揮動懷錶所測出的工人工時並沒有兩樣。要知道，產出品質的衡量才是唯一值得關注的重點。

貝佐斯先生於一九九七年寫給股東的信中指出：「你可以長時間、努力或聰明工作，但在亞馬遜，這三個都得具備，你不能只選其中二個。」但實際上，你只有權利選擇後面兩個；第一個只是胡扯。

二十年後，有數個不同的政治掮客站出來質疑長時間工作的觀念，其中不乏矽谷的高層主管。

幾年前，達斯廷・莫斯科維茨（Dustin Moskovitz）曾對一群高中生演講，只不過有一則關鍵訊息並未順利傳達給他們。這群聽眾是參加數學和科學夏令營的頂尖資優生，個個聰明上進，當中許多人打算將來投身科技業。在這些學生的眼中，莫斯科維茨應該就是他們未來想要成為的完美科技人，整場演說感覺就像上帝在焚燒的荊棘裡，對著一群小摩西顯神跡。

在哈佛就讀時，莫斯科維茨與馬克·祖克柏是同間宿舍的室友，後來他們跟另外三人共同創立了臉書。據《富比士》報導，莫斯科維茨目前的身價估計有一百億美元。他後來離開臉書，在二〇一一年創立了Asana，一個用來幫助團隊追蹤工作進程的網絡和手機應用程式。他還簽署了由比爾·蓋茲和巴菲特發起的「捐贈承諾」行動，承諾在死之前就將大部分的錢捐給慈善機構。

不過，這些孩子對於莫斯科維茨最想傳達的訊息卻沒有興趣。他回憶道：「他們一直問我各種類似的問題：『我們上大學時可以做些什麼來強化我們成功的機率？我們應該從事什麼樣的活動？你在我們這個年齡時都在做什麼？』我總是把答案又繞回到我真正想傳達的訊息，像是：『哦，那時的我不夠全人，你們應該多專注這一點。』可是他們沒有聽進去，還是不斷在問：『不，不是，我想知道我應該學習怎樣的工作、什麼樣的技能？』」

這次事件促使莫斯科維茨在Medium部落格平台上寫了一篇文章，提倡全新的工作模式。他寫道：「二〇〇六年是臉書最輝煌的年度之一，卻也是我活得最不像人的一年。」

幾個月後，我在舊金山Asana辦公室的玻璃會議室見到他（沒錯，單車就停在木質地板的開放式辦公室中央；沒錯，裡頭有個沙拉吧；沒錯，二十幾歲的年輕員工低頭看著手機四處走動，手指一面滑著螢幕，一面小心不要撞到彼此）。莫斯科維茨看起來仍然像個大一新生，只不過多了一份穩健謹慎的眼神，彷彿在告訴別人他的人生軌跡是多麼奇特。大多數時候，他會在腰帶扣上一台Spire身心追蹤器，用來測量呼吸；一旦他緊繃的時間太長，這台裝置就會發出警告，提醒他做個深呼吸。

莫斯科維茨二十多歲在臉書工作時，並不是那麼懂得呼吸的人。他飽受恐慌症之苦，狂喝蘇打水和能量飲料，工作到深夜，週末也不休息，打個噴嚏就足以讓他直不起背，如今這些症狀在他看來是因壓力過大且運動不足造成的。然而，倘若不這麼極端，臉書會成功嗎？——那群高中生如是問。

他寫道：「其實我相信自己應該會更有效率：我會成為一名更好的領導者以及更專注的員工。」

所以當莫斯科維茨與賈斯汀・羅森斯坦（Justin Rosenstein）共同創辦Asana時，他想要積極塑造一種截然不同的工作文化。

為了在難以兩全的工作與生活間取得平衡，Asana給員工提供了一份「好好生活」的政策清單：休假日、冥想時段、有上限的關鍵時刻、公司內部由常駐營養師開設的烹飪課，而且營養師的實時位置是公開的。管理階層試著不把員工當小孩看管，信任他們不會利用上班時間開小差。莫斯科維茨希望員工在一早和一晚兩個時段能維持線上工作模式，但在上午十一點到四點三十分之間，他更希望員工能來辦公室工作。在規劃這種創造工作幸福感的時程表時，他提到了一項研究成果：人們每天真正穩固且富含成效的工作時數只有三小時。

他表示：「雖然我不認為每天應該只工作三個小時，但這份研究多少給了我們一些想法。如果你只是坐在辦公桌前試圖專注做某件事，那麼工作的時間愈長，你的成效將會隨之遞減。許多人每天工作十二、十四個小時，只是因為事情做得非常、非常地慢。往往上半天做得很好，下半天卻一直不斷在分心。」

在莫斯科維茨現在的世界觀裡，已經幾乎看不到臉書替這個產業所定義的神祕超時工作文化色彩。也許這就是為什麼在他招聘Asana員工時，面試者有時似乎對工作內容有些困惑。「這些潛在的員工會問：『蛤，我們一週不必工作七十小時嗎？那麼這是不是代表我們所做的工作並不緊急？』這時我會回答說：『不是的，我們認為這樣才會最快完成工作。』」

他經常跟人說，加班工作的邊際報酬會迅速遞減、而且很快就會變成負的。「可是，人們真的很難內化這樣的說法。像他們就會說：『那麼，我有些朋友在其他某某公司拼命努力工作，難道他們做錯了嗎？』我則會告訴他們：『是的，他們做錯了。』與眾不同會很奇怪。不僅奇怪還很可怕，所以我們必須把這樣的錯事揭露出來，讓更多人知道。」

莫斯科維茨試著以身作則；他會盡全力維護自己的週末，可能的話他會關閉手機通知功能，並在使用電腦時關掉標籤頁。這並非每次都能輕鬆做到，但他會盡量告訴自己一定要關掉。去年，他跑去參加「火人祭（Burning Man）」活動，整整一個星期沒使用電子設備，活動結束時整個人元氣十足。

我問莫斯科維茨接下來的週末想做什麼。他回答說：「健行；跟我太太在家裡閒晃；練瑜伽。我的夢想是什麼事都不做。」

再見了，慣老闆！下班後員工有權已讀不回

在一天之內，身兼電視編劇、製作人和演員身分的珊達．萊梅斯（Shonda Rhimes）就可能收到二千五百封的電子郵件。在她電子郵件結尾處有個固定的簽名檔，告訴人們她平日不在晚上七點之後讀信或回覆，週末則是整天都不會。

在某次接受全國公共廣播電台採訪時，她表示：「只要你願意，一天二十四小時、一年三百六十五天都會有工作要忙。但有天我突然開竅了，我發現除非我下定決心對自己說：『我不要忙工作』，否則始終都有忙不完的工作。自從我晚上七點關掉手機後，從來沒有發生過什麼事件緊急到讓我後悔關機的。」

我一直在媒體上搜索萊梅斯之類的新聞，找尋那些不願倣法傑夫．貝佐斯等人瘋狂工作型態的例子。在這過程當中，我看到了希望：不久的未來將發生巨變，集眾人之志終結「只有工作沒有玩樂」的病態，重拾週末。我發現，各個階層，包括政府、產業和個人，都在改變！

舉個例子來說吧！二〇一五年，威斯康辛州州長斯考特・沃克（Scott Walker）在國家預算案裡加入了一項條款，基本上它就是個竊取週末的法案。該條款「允許員工以書面陳述，他（她）選擇工作七天而不休息一天是出於自願。」大家對它的反應可不太好。媒體引用高客網的說法，在稍事修改後以這樣的頭條大肆抨擊：「威斯康辛州企圖剝奪人們享有週末的權利」。

據密爾瓦基在《哨兵日報》的一篇專欄指出，在一九六一年麥高恩控告馬里蘭州一案裡，最高法院最終裁定，週末休息的法令是為了提升全民的「健康、安全、娛樂以及福祉」。七天內休息一天是受到法律保障的古老權利。雖然沃克在他的州裡成功廢除了許多保障員工福利的法令，但那項特定的修正條款卻未通過。所以說，週末的歪主意動不得呀！

再舉另一個例子吧！在二〇一六年的選舉前哨戰裡，角逐共和黨提名的傑布・布希曾發表一場演說，裡頭包含了這樣一段話：「我們必須更具生產力，勞動力的參與度已降到歷史新低點，有必要大幅提升。這意味著人們需要工作更長的時間，並藉由生產力的提高，為他們的家庭賺取更多的收入；這是我們可以擺脫泥沼的唯一辦法。」

儘管他事後馬上改口，說他指的是那些兼差工作、想轉全職工作的人；但為時已晚，他還是為此遭到輿論的猛烈抨擊。《時代》雜誌率先揭露出他在二〇〇七年到二〇一三年間申報的二千九百萬美元所得，嘲諷他與勞工階層嚴重脫節。希拉蕊・柯林頓並發推文表示：「那些認為美國人工作不夠努力的人，是因為他們沒有接觸到夠多的美國勞工。」傑布・布希之所以沒成為共和黨參選人的原因有很多，但我個人覺得他提出「美國人必須延長工時、加倍努力工作」的建議應是最關鍵的原因。

相較於美國某些政客努力崩解休閒的舉措，世界各地的其他政府卻都在加緊腳步保障休閒。二〇一三年，德國勞工部頒訂法令，嚴禁主管在週末打電話或發送電子郵件給部屬。二〇一七年元月一日起，法國實施了一項新的就業法規，賦予員工夜間與週末的「離線權」，保障他們在休息的時間不受工作打擾。此一「優良行為法則」明文規範，在五十名僱員以上的公司裡，員工有權在晚上和週末不收發電子郵件。這個概念是由電信業巨擘Orange總裁布魯諾・梅特林（Bruno Mettling）在一份研究報告裡提出的，他表示：「那些在私人和工作生活中找到最佳平衡的專業人士，他們的工作表現遠比那些精疲力竭而無法兩者兼顧的人好得多。」同樣地，私人企業也開始出現改正的跡象。

在都柏林，Google試行了一個名為「都柏林變暗」的活動，要求員工每天下班前都得交出他們的電子設備。二〇一一年，福斯汽車宣布，該公司的伺服器將在傍晚六點十五分至隔天早上七點之間停止發送電子郵件，此舉惠及德國各地共四千名的員工。此外，德國電信、意昂集團和BMW也都推出了新的電子郵件管理政策。

這些公司並非出自於利他主義才做出改變，而是因為他們知道，那些在工作之餘安生養息的員工，才有更多為公司做出貢獻的本錢。當忙碌的節奏無法長久持續，員工就會離開，這正是社交網頁裡一堆「老子不幹了」的有趣故事由來。這些軼事成了社交粉絲專頁的亮點，跟推特裡「動物逃出動物園」的新聞一樣吸睛。

麥克斯・希雷森（Max Schireson）就是其中一個例子。他是十億美元創業公司MongoDB的前執行長，他曾在部落格發表一篇貼文，標題是「我為什麼離開人生中最棒的一份工作」。他空中飛人般的工作（從字面上來說，就是一年飛行三十萬英里），代表在他兒子動緊急手術時無法待在他身邊；家裡小狗被車撞時，他也沒能陪伴家人身旁。他之所以辭職，是因為不想錯過自己的人生。

他的貼文跟Google財務長派屈克・皮契特（Patrick Pichette）的故事聽起來很相似，後者列出了他繼三十年不間斷工作後離職的原因：「截至今日，我大約有一千五百個星期忙著昏頭轉向。我始終都處於工作模式，即使在不該工作的時間點也一樣；我真的不應該如此。」於是，他提前退休了，如今他的網頁上放的全是他和妻子攀登吉力馬札羅山的照片。

這類貼文當中，我最愛的一篇是布倫特・卡里尼克斯（Brent Callinicos）寫的，他在四十八歲辭去了Uber財務長的職務。在告別文裡，他大幅改編賽門與葛芬柯那首〈朦朧的冬季（Hazy Shade of Winter）〉的歌詞：「時間有一種快速流逝的特質，很容易讓你擱置心裡的渴望，想著『也許以後再做』。但對我而言，並沒有以後；只有現在。該是去做我長久以來渴望的事情的時候了；也該是去遵守我對妻子的承諾了，我不想再錯過女兒的任何一場學校表演、游泳比賽、或是她童年時期的任何一場精彩盛事。時間、時間、時間，為我封存最重要的東西；時間，承認吧，每天工作讓我喪失與家人共處的時間；時間，請幫助我女兒了解時間的重要性——在她也開始對時間感到模糊之前。時間就是時間。」

文中多次提到「時間」；準確來說，共十三次。

這些故事感覺像是告解和警告，就像雅各布・馬利（Jacob Marley）[5]拖著鎖鏈發出哐噹聲響（儘管這些故事裡，作者每次都一定會說：「我熱愛我的工作，只是……」，至少為自己留個後路）。他們擁有樂透大獎得主的光環，邀請我們一同想像「要是我也……」的各種可能而開心不已，想像自己在拋棄「工作小船」後要去登哪幾座山。

當然，多數人永遠都不會離開資產有數十億美元的公司和高薪的工作。然而，百萬富翁、德國電信員工和你都是用同樣的方式體驗時間。我們是時間的受害者，也是它最有特權的貴客。我們都想要把握時間，細細品味它；我們都怕它流逝得太快。

不過，從這些知名粉絲專頁的小小軼事裡我們看到，即使是最有特權的人（精英中的精英）同樣也為時間所苦，並且打從內心深處知道，這樣的工作方式無法長久延續。羨慕人家登上吉力馬札羅山之餘，我不禁想，如果那些人留下來，建立一個尊重員工時間和週末的工作場所呢？這樣的先驅肯定會有的，他們可能就是週末的未來希望。

信任你的員工，他們就會用高績效做回報

幾年前，我女兒有個功課是設計一所理想的學校。她和朋友設計了一個樹屋遊樂場、通往教室的溜滑梯，以及一處安靜窗邊角落供每位學生休憩。如果大人也可以設計夢想的工作場所，成果看起來可能就像科技公司 Basecamp 一樣。該公司提供各種津貼，包括免費有機蔬果送貨到員工家裡，以及為員工嗜好提供補助。有個員工想要學鑄鐵，Basecamp 就幫他付學費（為了報答，他送給公司一只自己鑄造的釘子）。會議和管理活動在此都被視為浪費時間，因而遭到禁止。

不過，Basecamp 最吸引人的政策其實跟週末有關。從五月到十月，Basecamp 的員工每週只工作四天。這才是真正的夏天，讓人整個放鬆的月份。在這個特定的期間內，縮短每週工時是出於企業考量嗎？執行長兼共同創辦人傑森．弗萊德（Jason Fried）答說：「嗯……我只是喜歡季節應景。」他有一股自信男子特有的愜意調性，就像在一場差勁的演出裡，那個足以令其他緊張團員安心、相信一切都會好轉的靈魂人物。

Basecamp 將工作週縮短，卻不意味者較短天數內要工作更長的時間，而是天數變短、工

—
5 虛構人物，出自於狄更斯小說《聖誕頌歌》。

時也跟著變少，但薪水不變。Basecamp是線上專案管理軟體的開發公司（Asana是其競爭對手），由於客戶隨時都在使用這些產品，因此員工休假日必須錯開，以確保隨時滿足客戶的需求。這意味著不是每個人每週都能連續三天休假。如此不爭的事實令弗萊德困擾不已，他試圖讓大多數員工至少每隔一段時間能連續三天休假。他表示：「我很清楚三天週末是我們的口號；提供這樣的週末是一種承諾。」

Basecamp位於芝加哥市中心的辦公室相當不錯，有著高達三公尺的落地窗，引進大量自然採光，地面舖設的軟木和毛氈，能降低室內的音量。但其實大多數員工在這兒並沒有固定的辦公桌，因為公司鼓勵遠端工作。有位Basecamp客服人員就曾開著Airstream露營車在美國各地旅行好幾個月，在和丈夫與兩個小孩自駕遊的途中，她依舊會在早上九點到下午五點間坐在筆記型電腦前工作。

以人為本的工作政策，例如遠端工作和彈性工時，其實是出自於對員工的信任。相反地，把員工當小孩監督看管、強制員工打卡，或是不人道的過長工時等做法，全都是出自於對員工的不信任。

在德國哲學家尤瑟夫．皮柏（Josef Pieper）於一九五二年發表的論文《閒暇：文化的基礎》裡，他曾提出「工作至上」的危險警訊：「工作的世界正逐漸成為我們全部的世界；它可能會把我們整個吞噬掉。工作世界的要求愈來愈多，直到最後它們要求人徹底將工作奉為『至上』，不再有自我。」那些讓部屬掌控自身工作環境的管理者是這麼說的：我相信你不會陽奉陰違；而且我不需要你百分之百的全部。由於這樣的信任，回報他們的是更多富含創意、且全心投入的員工。

據一項針對中國某IT公司進行的大型研究指出，工作時感覺比較有自主權的員工，其「內在動機」的增長率也比較高，亦即樂意為了工作本身而工作，而不是為了加薪或分紅之類的外在獎勵而工作。

放棄對員工時間的全面掌控權是令人樂見的做法；如今有愈來愈多公司在制定辦公室政策時秉持這樣的想法：人們並非在各個特定時間點選擇「生活」或「工作」，事實上，人們一直都在生活當中。積極鼓勵員工順應自己人性的才是良好的工作場所。

其實，我們剛才提到的前衛政策，衍生自一個古老的傳統：夏季星期五。它的最初起源已不可考，但根據可靠傳說，夏季星期五可追溯到《廣告狂人》影集裡的一九五〇年代，當時紐約高管們在星期五吃完午餐後，便紛紛鎖上辦公室的門，直奔漢普頓，避開交通尖峰跑去避暑。

這樣的傳統如今仍存在於某些行業，尤其是出版和傳媒。據一項調查指出，有百分之三十的員工得以在夏季星期五時休假。儘管這種做法或多或少已經逐漸勢微（過去十年間，多數出版社已不再這麼做），但夏季的週末步調似乎依舊比較緩慢：事實上，每逢夏天的週五午後，紐約的電力使用量都會大幅下降。

夏季星期五不光是紐約獨有的現象，但令人興奮、甚至感到違和的是，它居然起源於這樣一座從不停止工作的城市。如果紐約人偶爾會休這樣的假，那我們為什麼不行呢？紐約人做的其他所有事情，我們不都也做了嗎？正因為紐約的關係，我最近才會光顧多倫多的一家酒吧，那兒的酒保一面捻著翹鬍子一面說：「我們沒有菜單，妳只需告訴我妳現在的感受，我就會調出一杯符合妳情緒狀態的飲料。」這絕對是紐約的錯。至少是布魯克林害的。

無論如何，在夏季星期五這件事上，就讓我們跟隨紐約吧！夏季星期五的概念是把我們帶回以前的美好時光，模仿農民的耕作時程，像他們一樣由天氣決定工作型態。它感覺像是一個集體的文明行為：我們辦公室裡每個人都同意夏天稍縱即逝，一致認為應該充分利用陽光普照的短暫時光。夏季星期五凸顯出工作至上概念是錯的，喊出「工作以外還有生活」的真相，呼籲人們用陽光和友情滋養生命。篝火和狂飲不是必備條件，但如果有的話更好。

在美國，允許員工將工作週縮短的公司數量，近來略有增長的趨勢：從二〇〇八年的百分之三十八提高到二〇一四年的百分之四十三（研究人員推測，二〇〇八年的經濟衰退是導致過去十年來彈性工時縮減、以及該比率小幅增長的原因）。

規模偏小的公司通常對於縮短工作週的做法比較能接受，因為這樣做更為明智：工作週變短，成效變高，員工工做起來就更加開心。據美國三大商業媒體之一《快公司》報導，從事稅務服務的萊恩公司於二〇〇八年縮短工作週之後，員工流失率從百分之三十驟降到百分之十一；營收利潤成長了將近一倍；客戶滿意度大幅提高，達到該公司有史以來的高峰。

在重新思考工作定義的一群公司裡，赫然發現亞馬遜也在其中。或許是受到《時代》雜誌對其惡毒工作文化的批判報導影響，亞馬遜於二〇一六年宣布推出一項試行計畫，將人力資源部裡某些技術團隊的每週工時縮短為三十小時。那些工時縮短至三十個小時的員工，薪水會減少百分之二十五，但還是享有全職員工的福利。亞馬遜將其視為一項多元化的政策，表示他們有意招募更多的女性員工。

在該計畫宣布之後不久，前《紅皮書》的編輯萊思莉・簡・西摩（Lesley Jane Seymour）在Linked In上發文提出質疑，並獲得網友的大量轉發。她表示，人力資源部長久以來就是各個公司的女性專區（她同樣也對Google的男女平等政策提出懷疑）。再說，假如不讓男性員工也同樣適用縮短工作週的計畫，那麼工時減少的女性員工則可能（更進一步）遭到邊緣化，周遭的全職男同事卻坐享其成。

好吧！她說得沒錯。以人為本的政策的確可能害女性卡在低階職位上：「縮短」和「減少」這兩個字聽起來就跟升遷絕緣。但是，至少亞馬遜正朝著對的方向努力。況且，隨著社會風氣逐漸趨向家庭男女平權，職場上的男人為了分擔家務，勢必也得善用這類政策。雖然要打造一個完美健全的工作週，還有很長的路要走；但值得興奮的是我們從亞馬遜身上看到了希望，畢竟它是一間以超時加班聲名狼藉、而且老闆將「只要工作不要生活」奉為圭臬的公司。如果連亞馬遜這樣的公司都開始重新思考，那麼超時工作的邪教或許會逐漸減少吧！

然而，傑森．弗萊德一直對員工存有這種信念，他不認為拓展公司規模將成為新的企業標準。自一九九九年成立以來，Basecamp 一直是間小型公司，在數位領域裡算是歷史悠久的。這間公司之所以能如此創新，部分原因是它安於小規模且自治，不願像大部分數位公司妄想獲天價收購。

弗萊德表示：「驅動我們產業的是遙不可及的目標：價值數十億美元的生意和巨額的退場費。但只有少數公司能夠做到，但為了達成目標，你得歷經無數次的努力，而且無法在星期五休息。為了成為一間數十億美元的大公司，你必須在星期五工作。如果這是你的目標，那麼星期五休息就會被視為軟弱、無力、不具野心。某些已經擁有成千上萬員工的大公司，不得不開始做出這些改變，但我對我們產業裡流行的這股變化感到不屑，我才不要跟其他公司一樣隨波逐流。如果有一百間小企業決意為員工創造更好的環境，真的會很棒。對小企業來說，這會是一個很大的競爭優勢。」

Basecamp 為其最新一代的軟體添加了新的功能，完美體現該公司追求工作與生活平衡的精神。這項功能叫做「工作可以等（Work Can Wait）」，員工得以透過它向同事和客戶發送訊息，讓他們知道自己何時有空、何時沒空，並在非上班時段內屏蔽簡訊和通知；這個軟體其實就在強調休閒的重要性。

在Basecamp發佈「工作可以等」後短短一個星期，就已經擁有上千名使用者。在官網上，這項功能的廣告口號簡明有力：「工作再忙也要休個週末……你的時間就是你的。」

縮短工時讓工作效率倍增，家庭生活美滿，氣候變遷減緩

過去數十年來，時好時壞的經濟已成了一種常態。一端是高失業率、經濟成長緩慢、薪資未漲；另一端是賺得多但沒什麼休閒；中間則是：分秒必爭和疲憊。不是工作不夠分給多數人做，就是工作太多只集中於某些人身上。

兩端差距看似大到無法縮短，但英國一個名為「新經濟基金會」的經濟學家智囊團看到了希望，針對延長週末和縮短工作週提出了解決方案。在歐洲各發達經濟體當中，英國的工作週時是最長的：四十八小時。

新經濟基金會認為，假如所有英國人的工時都減少，就能創造更多就業機會、減少失業人口、增加更多的納稅人口，整體而言十分有利。此外，隨著工時減少，環境也能獲益，因為平均工時較短的國家相對使用較少的能源。據美國經濟及政策研究中心提出的一份報告推測，工時縮短跟溫室氣體排放量的減少有關；相對地，這也意味著全球氣候變化會趨緩。他們雖未直言兩者的因果關係，但大膽假設，縮短工時還可能減少消費。

但這項提議似乎只對全職員工有利，而非時薪員工。在僧多粥少的情況下，若再減少低收入人口的工作量，他們的生活水平難道不會降得更低嗎？對此，新經濟基金會的社會政策組主任安娜．庫特（Anna Coote）表示：「如果你要縮短低階員工的每週工時，你必須同時提高他們的時薪；你不能沒有配套措施就貿然行事。」但是，要企業開始增加這樣的財政支出，得先證明那些工作時數減少的人，比起每週工作四十多小時的全職員工，其每小時的工作效率還要高。

新經濟基金會提出了一個逐步過度到較低工時機制的方案。新進員工可以一週工作四天，年紀較長的員工（如五十五歲左右），可以逐年降低每週工時一小時，直到退休為止。這些措施在實行以後，將有大量員工的每週工時縮短。員工可以選擇逐步加薪或逐步減少工時。

庫特表示，荷蘭、德國和比利時人的工作時數都比英國或美國人少，但這三國的經濟依舊十分強盛。在瑞典哥德堡，一間由政府資助的養老院正進行為期兩年的實驗，旨在研究工時縮短、但支領全薪的八十名看護，看此舉能否創造足夠的利益來攤平額外員工的招聘成本。據前期報告顯示，缺勤率下降一半，護理品質卻有所提升（雖然該計畫的成本引發了一些爭議）。此外，同在哥德堡的豐田汽車則成功印證了縮短工時的好處：該公司在十三年前轉為每日工時六小時，利潤因而增長百分之二十五。

這些縮短工時的實驗不僅是理論，假如哪一天我們沒工作可做，它們可能就會成真。未來學家早就預測，自動化將取代人類的工作，造成大量失業。就某種程度來說，他們所指的未來就是現在；畢竟，過去十年來，失業率始終居高不下。在世界各地的製造業裡，我們已經看到機器人取代了人力；更明顯的是，就連看似不可能受影響的產業，如計程車和飯店，都已經遭到新科技取代。據牛津大學的研究推估，美國在未來二十年間，將有百分之四十七的職位變成自動化。

人們該如何在後工作社會裡應對生命的衝擊？有一種想法是說，所有公民每年都應獲得由政府給付的收入，領取足以維生的薪資來縮短貧富差距，好讓所有人都能維持基本的生活水準。另外，解決機器人問題還有一個有效辦法，那就是縮短每週工時，如此便能釋出更多的工作機會。

其實在許久以前，美國工業就曾選擇走上這條路。那是史上極為奇特的一段路程，我們的工作週，以及我們的生活，差點就變成跟今日截然不同的模樣。

一九三〇年十二月，由於家樂氏創辦人威爾・家樂（W. K. Kellogg）的一時興起，他將密西根州巴特爾克里克的玉米片工廠從每天三組八小時輪班，改成四組六小時輪班制。在經濟大蕭條、大量失業的期間，這個小鎮突然多出四百個新的工作機會。精力充沛的員工很快證明自己每週工作三十小時也跟四十小時一樣有效率，因而獲得加薪。

家樂氏的實驗十分成功，每週三十小時工時看似工業界未來發展的方向。於是，阿拉巴馬州的參議員休戈．布萊克（Hugo L. Black）於一九三二年提出一個關鍵的縮短工時法案，明訂美國每週工作五天、三十小時的工時；一旦超時工作，將嚴厲開罰。

他在廣播中向全國人民承諾，這項法案馬上就能讓全美六百五十萬的失業人口有工作可做。一九三三年，參議院通過了這項「三十工時週法案」。然而，「全國製造商協會」對此極力反對，委請政治說客居中斡旋；羅斯福總統因此讓步，不再支持。這個法案後來提交眾議院表決，並在一九三八年頒訂新規，最終明定每週工作四十小時。

於是，四十小時工作週成為常態，三十小時等其他可能性自此從人們記憶中消失。但是，家樂氏工廠在部門不斷裁減的情況下依舊保持三十小時工作週，直到一九八五年為止。當最後一班工作結束時，工人們還在當地酒吧舉行了一場模擬葬禮，裡頭放置一個紙板棺材，象徵三十小時工作週的逝去。

一九九二年間，在電影製作人暨「拿回你時間」倡議團體創辦人約翰．葛拉夫（John de Graaf）與歷史學家班傑明．亨尼卡特（Benjamin Hunnicutt）做的一系列採訪中，家樂氏最後那批員工回憶自己生活受到縮短工時的影響。葛拉夫在AlterNet上如此描述：

「一對曾在該工廠工作過的夫妻恰克和喬伊．布藍查聲稱，每日六小時的工作制使得恰克早在婦女運動興起前就成了一名『女權主義者』。他得和妻子分攤家務，並在孩子們學校裡擔任『愛心爸爸』……。布藍查夫婦跟我們說，每日六小時工作制結束之後，巴特爾克里克的犯罪率上升，擔任志工的比例也變少了，因為人們沒有多餘的時間在鄰里間守望相助。布藍查夫婦還說，他們並沒有多豐富的物質享受，但他們的生活卻充滿大量的休閒時光，比今日的年輕家庭更加幸福，後者看似擁有更多物質享受，但時間卻從不夠用。」

他們的回憶體現出凱恩斯對孫子輩未來光明前景的預言：縮短工時將孕育出超脫物質享受的市民，他們會有更多時間去強化與家庭和社會的關係。工作減少的樂趣不僅是個人的體驗，還可擴及到更廣的層面。

即便在今日，企業和政府機關偶爾也會進行這類的休閒實驗。二〇〇八年間，正值美國經濟一落千丈之際，猶他州內一些公家機關部門的員工同意將每週五天、每日八小時的工作制，改成每週四天、每日十小時，只有星期一到星期四工作。此項節省成本的措施意味著他們每週總工時雖然維持不變，卻得到了為期三天的長週末，而且實施後成效良好。

根據該計畫結束後的評估結果指出，在一萬八千名參與計畫的州政府雇員裡，有一半以上的人表示他們在工作日富含生產力，並有八成以上的人表示他們比較喜歡每週四天、更甚於每週五天工作制，進而希望在新的一年起能夠維持每週工作四天。在成本高昂的時代裡，節能是該實驗的目標之一，並且順利達成：一年碳排放量減少了大約四千五百四十六公噸，其他溫室氣體排放量則減少約八千公噸。

「休息」的價格無法量化，但你知道它值得

不過，減少工作的好處不只體現於金錢節流方面。較短的工作週其實更加符合人性：它能夠提振情緒和忠誠度之類的無形東西。菲麗西特．貝佐（Felicitas Betzl）是網路精品行銷公司 Serps Invaders 的董事總經理，該公司總部設於蘇格蘭愛丁堡，客戶遍布全球。為了跟其他更大公司競爭、延攬業界一流人才，她決定給員工（五名全職，外加二十位左右的顧問和自由工作者）一份她所謂的「大禮」：四天工作週。

網路行銷需要一套專業的技能，因此這類職缺往往僧少粥多，許多公司都搶著要這樣的人才。Serps 員工在四個工作日裡努力工作，每天九個半小時，可自行選擇幾點上班；他們每週工作總計達三十七個半小時，將近四十個小時，這樣聽起來好像很累，但星期五他們不必上班，只留一人待命。讓貝佐驚訝的是，客戶都非常配合。她說：「他們還詢問我的做法，也想在自己公司實施。」在週五不營業的這三年來，貝佐的員工在週五被叫回公司處理問題的次數，僅僅只有三次。

為了確保每位員工都能做好工作，貝佐採用專案管理工具這類的「生產力神器」，排定時程定期追蹤進度。在工作中高效利用時間是保障週末可休的關鍵；有太多的辦公時間都平白浪費掉，這還不包括查看臉書、或廁所內閒聊的時間。許多辦公室的管理體制綁手綁腳，簡直就是設計來扼殺我們工作效能的。多數人在完整九十分鐘的時間內得以高效專注工作，中間不必

休息；然而，一旦每天有大大小小的臨時會議要開時，工作就沒法持續專注。傑森．弗萊德跟我說，Basecamp是嚴禁開會的，因為他們公司發現會議佔用過多白天時間，讓員工不得不在晚上和週末做真正的工作。但是，如果員工能有一個平靜、不受干擾的環境（關掉你的通知提醒！）得以專注工作，他們或許有機會拿回一些週末時間。

據貝佐說，自從Serps Invaders實施四天工作週之後，超時工作的情形已經減少。員工上班時變得更加投入，因為他們可以利用星期五看醫生或去銀行辦事，不必像以前一樣得利用上班日偷偷摸摸地去。有些人表示，缺點是太晚下班（晚上七點半辦公室才關門），還有晚餐時間得延後。但即便如此，依舊沒有員工拒絕這個四天工作週的非強制性選擇，而恢復到上班五天。

貝佐還說：「星期一早上，當我看到大家拿著咖啡準備開始短暫工作週時，我發現他們看起來不太一樣：一副神清氣爽，準備好上工的模樣。」她會問大家在三天週末都做了什麼，許多員工回說去旅行、陪小孩；一位女性員工表示已開始跑馬拉松。原本塞滿週末的那堆繁雜家事可以在週五做完，接下來兩天便能好好休息。

或許休閒算是一種社會傳染病：假如我們看到別人空出時間度過美好的週末時光，我們也會想要跟著這樣做。當然，貝佐看到員工善用假期後，她發現自己也受到啟發。她本身工作的時間是每週七十到八十小時，大幅下降了至少三分之一。「我若是不抽出時間休息的話，我的員工會生我的氣，他們真的非常貼心。我知道我可以休息，因為我完全相信他們和他們的能力。」

在Basecamp時，我向弗萊德請教，詢問有沒有一些衡量標準可以拿來向其他公司證明，讓他們也看到長週末的可行性，以及提高利潤的價值。弗萊德表示，價值這東西很難用金錢衡量，他甚至不知道自己公司的價值有多大（但至少是大到足以讓亞馬遜的傑夫·貝佐斯於二〇〇六年投入資金）。

他不願用金錢做為評估短工作週的標準，而是從精神層面來談它的價值，他說：「我們是否因此失去部分高效時間呢？或許吧！可能喪失了一些。在企業裡，每個人都想衡量一下這個、衡量一下那個，可是我不知道自己能不能衡量這一點。我認為，我們從它那裡得到的回報更有價值。到最後，你工作時不再平白浪費時間，進而迎來一個更平靜、更放鬆的環境。人們可以利用週末的時間做更多有趣的事情，因而創造出更多有趣的人。

要去量化它的價值很難，但你感覺這個做法是對的。打個比方說，你要如何衡量向人道謝的價值？你要如何衡量微笑的價值？你沒法衡量這些東西的，你只是知道這麼做是對的。事情無法完成或延遲完成並不會影響到我們公司，既然不會影響，那我們為何不這樣做呢？難道你不希望每個人都能在工作和生活之間獲得更好的平衡、有更多時間陪伴家人，或是做自己想做的事情嗎？四天工作週感覺上就是一件對的事情。」

如何擺脫「斷網恐懼症」？

要能夠想像一星期裡空閒時間跟上班時間同樣重要，是需要一番心理轉折的；因為我們根深蒂固地相信：工作第一。說老實話，我也很難想像自己每週只工作二十一小時。誠如許多超級幸運的白領上班族一樣，我熱愛我的工作，而且擔心突如其來的大把休閒時間，會使我陷入一種懶散的狀態，浪費那些突然多出來的時間，一邊看《六人行》重播、一邊打盹。

顯然，我已深受新世界思維的影響，它與多數電影傳達的觀念習習相關，讓人相信，想成為人上人，必先吃得苦中苦。這是一句很棒的格言（當我看到孩子懶散時，我就跟他們說這句話；可是他們卻把它當耳邊風，依舊快樂地享受發懶的狀態），但它當然只是騙人的。

沒錯，辛勤工作的確重要，但由於社會資源的分配不均，決定了人們在社會階層所處的位置，甚至早在他們進入勞動市場前就已決定，當中包括了經濟地位、受教育機會，以及種族的因素。既然如此，我們為何還一味鼓吹工作才是獲致幸福和發達致富的唯一道路？我想不僅是因為不工作的概念對清教徒來說不合道德，也是因為空閒時間讓人覺得超級恐怖。

近來，一些精神病學手冊上出現了新的病名「時間恐懼症」：對於時間的一種精神恐懼。當囚犯一開始關進監獄時，他可能沒有什麼異樣感覺、甚至感到放鬆，抱持著期望，相信沒多久就可能改變現狀，如：重新審判、或判決逆轉。

但當他意識到判決不可能改變，橫亙在他面前的只剩下遙遙無期、無邊無盡的時間，此時，恐懼症就產生了。他可能會變得焦慮不安，飽受失眠困擾，而且常會出現疑心妄想的症狀。之後，恐懼症終於消退，他對時間的流逝感到麻痹，全然接受自己的命運。於是，他無感地等待時間的終結。

對於囚犯來說，時間本身可能變成一種牢不可破、無法逃脫的監獄。但別說是他們，就連我們也多少會對時間感到恐懼。在無窮無盡的時間裡，那些密封未開啟的內部空間已經無法再探索；我們的悲傷和失落感可能會因此油然而生。我們紛擾的過往以及未能解決的人生問題可能會湧上心頭，就像在白天發生的深夜失眠。空閒的時間意味著得跟自我袒裎相見，但那樣的場景十分可怕；我們大多數人都不想去那裡一窺究竟。我們寧可埋首工作，不理會那個部分的自己，那個最不熟悉、卻可能是最富饒的一部分。

我跟新經濟基金會的安娜．庫特聊到人們恐懼空閒時間的可能性，她的回答令我感到有些汗顏：「今日的我們無法想像自己的自由，實在很悲哀。我們跟很多人談過這個問題，他們因為處理不好與時間的關係而深感困擾，他們知道自己沒有找到良好的平衡。不過，情況確實有在轉變：人與時間的關係的確變了。我們過去也曾讓孩子去掃煙囪，也曾一天工作十二個小時呀！」

這倒是真的：我們之所以畏懼空閒時間，是因為我們想像不出它真實的模樣。一個短工時的社會對我們而言是無法想像的，就像維多利亞時代的人無法想像孩子們有朝一日會去學校上課，而不必鑽進煙囪充當人肉刷子一樣。

最重要的是，要想恢復週末，或許需要我們發揮想像力。

在過去幾年裡，人們為了改善與時間的關係，的確發揮了不少想像力，因此發展出一種微趨勢：週末徹底「斷網」。目前有些線上活動和APP可以讓你挑戰一段期間與社交媒體完全隔絕；每年到了三月，網路上就會看到許多「全國斷網日」參與者的分享。

DigitalSabbath.com網站上的「數位排毒」宣言（它實際上是個註冊商標）是這麼說的：「藉由斷開我們與電子設備的連結，我們重新開啟與自己、別人、社區，以及周遭世界的連結……從而變得活在當下，活得更加真實、更具同理心，也更善解人意。」這樣的安息日並不是由聖經頒定的；就算沒有遵守，也絲毫不會觸怒上帝。它的目標簡單直白：讓人們長時間關閉電子設備（二十四小時以上），轉而著重人際關係以及人生體驗。

最早推出「數位安息日」的其中一個組織是Rebooters，它是一間總部設於紐約的非營利組織，員工以猶太裔居多。二〇一〇年，它發起了「全國斷網日」活動；到了二〇一六年，該活動的參與者已遍佈全美五十州以及全球二〇六個國家。發起人之一狄娜・曼恩（Dina Mann）回想自己小時候參加安息日的印象，並說：「蠟燭點亮的那一刻，感覺就變成一個完全獨立的空間。安息日到來之前，如果你人剛好在家裡，你會看到家人瘋狂趕緊把事情忙完；但只要你一點燃蠟燭，大家就會突然平靜下來。很明顯地，放鬆的時間到了。『斷網』就像這樣，它是一種感恩的做法，讓你得以跟所關心的人互動的一種方式。」

然而，要真正做到「斷網」並不容易。我曾利用某個星期天試過一次，早上前半段都沒問題。我先帶兒子去溜冰場練習曲棍球，然後一個人去跑步，沒帶手機的感覺十分輕鬆且與眾不同。但是當我重回溜冰場後，我還得坐在一旁等兒子，整個人因此變得好冷、心情煩躁。然後，等他去換衣服時，我只能站在場邊盯著「贊伯尼」磨冰機清理溜冰場，一等就是好幾個小時。其實也沒那麼久，只是感覺而已。

關於曲棍球溜冰場，有些訊息我得在此分享一下：除非這裡有舉行曲棍球比賽，否則場上沒有任何事情可做，無聊到爆。我敢說你找不到比這兒更無聊的地方；我覺得研究人員應該利用曲棍球場做為感官剝奪最高等級的實驗室。在這裡，如果沒帶手機、或是沒興趣重讀第一百次「二〇〇一年PEEWEE錦標賽」標語的話，你只能眼睛直盯著結冰的水池看。

一個完全奉行安息日儀式的人或許有辦法在這兒找到一些平靜且有意義的東西（或許可以做為一種「正念」練習），但對於一個意志力薄弱、全身快凍僵的人而言，她可能會有些恐慌，並且開始摸找自己的口袋，查查有什麼東西可以看——任何東西都好。（你們知道Extra口香糖裡含有氫化澱粉水解物嗎？）

那天稍晚，我的無3C狀態跟家人形成強烈對比。他們不但沒人支持我的做法，反而各自窩在家中不同角落，專注於自己的iPod Touch和電腦前，丟下我一人自求多福。於是，我牽著狗出門散步，然後（過了好長一段時間）我終於明白了。當我口袋裡沒有嗡嗡作響的手機，反而走得更遠；我的腦袋裡有一種解放的感覺，就像緊握的拳頭突然鬆開了一樣。此時，不再有一連串的通知鈴響；當我不由自主把手伸進口袋（真可怕的生理反射動作，這個動作我一小時內就做了三次呀），裡頭什麼東西也沒有。口袋裡不再有手機的負擔，我幾乎感受到實際的差異：我覺得自己變得更輕盈了。

我放任自己的心思流竄，隨它天馬行空地亂轉。我認真地感受這座城市，任由思緒奔走。在那樣的心理狀態下，是可能出現神啟頓悟的。我雖然沒有體驗到，但確實感到頭腦異常清醒，而且感受到完整無缺的自我。那天晚上，我躺在床上看了很長時間的書。在閱讀瑪麗蓮・羅賓遜（Marilynne Robinson）《遺愛基列》（*Gilead*）的當時，我確定自己讀到了這樣一句話：「有時候，我就是喜歡尋常星期天的寧靜。就好比下完一場溫暖的雨後，佇立在剛栽種好的花園裡的那種感覺：你可以感受到寂靜卻無形的生命。」

隔天星期一早上我打開電腦時，這個世界依舊完好無缺；我並沒有讓任何人失望。事實證明，時間是中立的。是我自己一直強加壓力給它，還患有數位恐慌症，但實際上時間從來不鳥我。不過，這回至少有二十四小時，我終於順利掌控了時間。

——第三章——

與人產生連結的渴望

我母親很擅長與人相處；她會用心聆聽，雙眼凝視對方，身體前傾。她還會問對方：「你為什麼有這種感覺呢？說來聽聽。」她也會寄送感謝卡、祝賀卡；記得大家的生日；並且自告奮勇主辦家族裡的大小活動。

在我的童年時代，這類維繫人際關係的社交活動往往在週末舉行。每到星期五，我會先問母親這個週末打算宴請哪些人：「有誰會來？」她會回說：「里歐娜寫了一本詩集，我打算做可麗餅請她。」或是：「我們要看義大利之旅的幻燈片。」無論是觀看幻燈片或享用可麗餅的活動，通常都在我們家中那張紫色燈芯絨沙發上進行。沒錯，這就是七十年代。

令人費解的是，在她做這些事情的同時，不僅要忙著養育兩個孩子，而且還是一名教成人讀寫的全職老師；更別說她嫁的男人——我父親——還是個滿內向的人呢！五十多年下來，我的父親已成為她優秀的得力助手，他們倆每日的生活就是不斷往外延伸，與世界產生連結。

如今，我母親已經快八十歲，她父母早已不在人世，也曾陪伴許多朋友從病榻走向死亡。她舉辦過一些葬禮相關的活動，她總是會煮上一壺濃厚黑咖啡，助人舒緩哀傷的情緒。她兩個孩子都住得遠，她本身也有健康和情緒不佳的困擾。不過，在我看來（希望也真是如此），她比較沒有其他同齡老人那麼苦，因為她的生活周遭圍繞著許多彼此熟識且相愛的親友，當中有她六十年代在英國倫敦、以及童年在多倫多的舊識：包括親戚、以前的同事和鄰居。每當有新鄰居搬來，我母親總會送去一張歡迎卡。如果我說這叫做「建立人脈」，她肯定會翻白眼；因為對她來說，這叫做「生活」。

心碎的感覺，就跟斷腿一樣痛

「連結」一詞如今已成了科技用語，被賦予新的定義：是用來描述開關、有線電視，以及位元傳輸的速度。然而，真正的「連結」與血肉之軀和時間息息相關。

容我訴說一個直白的事實（請別笑我廢話）：我們需要彼此。事實上，我們本來就具有社交天性。根據加州大學洛杉磯分校社會認知神經科學實驗室主任馬修．利伯曼（Matthew D. Lieberman）的說法，當我們的大腦處於「關閉」狀態（即任務中間的空檔），它們會轉成某種預設模式，與我們大腦處於社交狀態時完全相同的模式。他寫道，我們天生的反射功能就是與人連結，大腦本身就會促使我們「去設想別人的心思，包括他們的想法、感受和目標……進而促進理解和同情、合作和體諒。」身為一名進化科學家，利伯曼將這種社交反射功能視為一種生存機制。社交智能可以幫助人類存活下來：穴居人知道要找個朋友幫助自己度過寒冬，才不至於獨自一人凍死。

我們與社會連結的需求是如此強烈深刻，以致於若是無法連結，我們的身體會感受到實質的痛苦。利伯曼在其著作《社交天性：人類社交的三大驅動力》（*Social: Why Our Brains Are Wired to Connect*）裡描述了一個名為「網路球」的實驗。他們安排參與者坐在一台電腦前，他會在螢幕上看到兩個圖像，並被告知這是兩位遠端操作電腦的真人玩家。三人被給予了一顆「網路球」，在線上玩起你丟我接的遊戲。起初，三人會一起玩，但後來變成另外兩個人自己玩，而不讓參與者玩。由於她以為這二位玩家是真人，因而引發她中學時期上體育課遭同學排擠的痛苦回憶，殊不知這二人其實只是程式設計的中立產物。感受自己遭社會排擠，她會出現生理上的反應。經腦部掃描顯示，大腦亮起的部位正是感到身體疼痛時會發亮的區域。一位科學家仔細查看兩種情況的掃描，一種是身體疼痛發生時的腦部圖像，一種是社交苦惱發生時的圖像，結果兩者相似到難以分辨。利伯曼寫道：「心碎的感覺就像腿斷掉一樣地痛。」

我母親的社交敏銳度多半是在週末練就出來的——當然，這只是從小孩子的角度來看。她平日工作時，肯定也培養出良好的社交關係；但我只記得週末的部分：通常她下午會跟朋友到附近的樹林裡散步，不然就是一時興起跑去鄰居家串門子。那些會與人產生連結的週末社交活動，有一種格外慵懶、形式不拘的特質。就連最正式的週末聚會——像是參照茱莉雅．柴爾德（Julia Child）食譜做出一大桌精緻菜肴的晚宴，隨後往往也變成天馬行空、有點隨興的活動；有人談鋼琴、有人討論政治（無疑是拜喝酒過量所賜——還記得我說過這是七十年代嗎？）。那時的我會蹲坐在二樓樓梯口，一邊聽著他們大聲對談，一邊訝異怎麼這麼晚了還沒散會（已經凌晨二點了耶！）。

現在的我已經大到可以參加這類的深夜聚會，只是我發現自己成年生活裡鮮少有這樣的機會。這並不是因為我繼承了父親的內向性格（而非母親的外向性格），也不是因為我沒有具備她的天才廚藝——因為我有個廚藝高超、令人稱羨的老公。這純粹是因為我們時常太累、太忙，無法在週末進行正常的社交活動；就算有，也只是短暫的聚會。星期六下午，我通常得為小孩子星期日一早八點的曲棍球比賽預做準備，還得洗衣服，並將先前沒做完的工作收尾。星期五我會跟家人宣布：「我明天需要幾個小時的時間。」在我拋出這樣需求後，我先生也會不甘示弱地說：「我也需要。」於是，做父母的我們只好「剪刀、石頭、布」，猜拳決定誰才能溜去工作，輸的那人則得負責滿足孩子成堆的需求。

孤獨比酗酒更容易死亡

過去數十年來，北美的社會孤立狀態日益嚴重。研究指出，人們交友圈的規模無論在數量和質量上都在不斷萎縮。由於貧富差距縮小，中產階層變得更複雜多樣；同一社區的成員背景差異甚大，不僅是種族不同，經驗和觀點也都不一樣。因此，造成一種「社會排序」現象：人們不太願意跟不同類型的人打交道。

十多年前我們剛搬到多倫多市區時，當地以葡萄牙裔和義大利裔勞工階層居多。在他們眼中，我們這對附庸風雅、中產階級的白人夫婦顯得與他們格格不入。由於當時我們沒有太多同類，因而有機會認識一些年紀稍長、形塑現今社區樣貌的居民。這當中有些人最初堅持留在原地，不願跟其他多數人一樣帶著學齡孩童搬去郊區。也有些人的年紀跟我們差不多，繼承了父母的房子，是在此生根的第二代居民。我們這個位於龐大公園邊上的小社區裡，形形色色、各式各樣的人都有：商人和自由插畫家毗鄰而居；中文和義大利文跟英文同樣普及。這正是都市理論家珍．雅各（Jane Jacobs）夢寐以求的多元城市。

後來，多倫多的房價開始飆漲。如今我們社區裡有一大半人受房地產泡沫破滅影響——這也是我們自己造成的；因此，許多葡萄牙裔和義大利裔的鄰居有的將房子出售求現、有的轉給兒女。現在我們周遭鄰居多半收入不錯，雖然不盡然是白人，但感覺背景比較相近：大家都很努力工作、很晚下班；雖然彼此友善，但不至於相約一起打橋牌。我們大多數的交談都發生在門前馬路邊，就在我們出門上班前或下班後回到家時，而且通常手裡拿著咖啡、孩子抱在手上。彼此打招呼的方式彷彿在說：「我好累！你有多累呢？」

跟七十年代相比，現在美國人與鄰居的往來少了許多；有三分之一的美國人聲稱從未跟鄰居有過互動。羅伯特．普特南（Robert Putnam）在二〇〇〇年出版的著作《獨自打保齡球》（Bowling Alone）裡寫道，當工作主宰人們的日常生活之後，人與人之間的關係便會逐漸變淡。我們比較沒空投入社區活動和志工服務，與親朋好友聚會的時間也變少。我們不再成群結隊打保齡球，我們只能獨自一人打球；隨之而來的就是孤獨感的增加。

據美國退休者協會在二〇一〇年的調查發現，四十五歲以上的成年人當中有百分之三十五處於嚴重的孤獨狀態，跟十年前的百分之二十相比，比例大幅增加。比起肥胖和吸煙，孤獨對於人體健康的影響更為嚴重；而且孤獨者比酗酒者還面臨更大的死亡風險。我們明明如此忙碌，同時卻又空虛寂寞，這樣聽來似乎很怪。然而，倘若人際之間的交往都是忙亂急促的，這樣的關係也只是膚淺、不具價值，無法滿足我們所渴望的深度連結。

友情與霸凌並存的網路世界

現在我們有愈來愈多的人在網上尋求連結。根據加州大學洛杉磯分校每年針對全國大一新生所做的調查指出，跟上一代的人相比，今日的大學生與他人在現實生活中的互動變少了，但在社交網絡上的互動則變多了。

該調查於一九八七年首度展開時，有四成的學生表示，他們每週花十六小時以上的時間跟朋友進行社交（面對面）。但到了二〇一五年時，這個數字已大幅下降：花同樣多時間跟朋友相處的人竟不到二成。如今，約有四成的學生每週與人進行社交的時間不到五小時，創下歷史最低紀錄。與此同時，他們花在社交網路上的時間卻不斷增加：將近三分之一的學生聲稱他們每週在社交網絡上花費的時間超過六個小時。若是廣義來看社交，不分線上線下的話，那麼兩者加起來的總時數還是達每週十一個小時。這樣似乎不必擔心，對吧？

從某些方面來看，或許不必。當然，使用社交網絡可以加深加廣我們交往的範疇。每個人在臉書上都感受到類似連結的東西，否則我們不會想要用它。如果你使用的時間夠久，你會發現臉書開始感覺像是某個場所：人們在這個地方遇見彼此、在這裡找回失去聯繫的親友。但有趣的是，你在這裡看到的世界是經過過濾的，是透過你所認識人的眼睛（或動態消息）而篩選出來的；這些全都屬於社交。

然而，隔了一層螢幕所做的交流，跟面對面的社交並不相同。它只是模擬出我們渴望的互動交流，但距離真正的交流還有一步之遙。兩者之間有很大的差異，尤其是電子社交還會帶給我們不好的感受。同時處理多種不同的網路媒體，例如一邊發簡訊、玩遊戲，一邊查看電子郵件，會引發憂鬱和社交焦慮，這種現象在各年齡層都會發生。在這份加州大學洛杉磯分校的調查裡，當學生被問及與其他學生相關的情緒健康狀況與憂鬱傾向，所得出的心理健康水平是該調查有史以來的最低點。這樣的事實恐怕才最令人擔憂吧！

在《奪回對話》（*Reclaiming Conversation*）一書裡中，身兼社會學家及媒體研究員的作者雪莉．特克（Sherry Turkle）提到一則關於「同理心差距」的故事。某間著名私立學校有群老師跑來找她，請求協助解決一個奇怪的現象：在遊樂場上，十二歲孩童表現得像八歲幼兒一樣；令人費解的是，這些孩子對其他同伴的感受似乎漠不在乎，明明已經十二歲，卻時常出現幼兒才會有的蔑視和虐待行徑，顯然不太清楚自己帶給別人多大的痛苦。同時，餐廳儼然變成學童們埋首使用自己電子設備的場所，他們各自忙著發送簡訊，彼此卻互不交談。特克認為，沒有交談，就無從觀察別人的反應，進而激發同理心。這些孩子欠缺你來我往的真實對話交流；要知道，有時候我們並不知道自己在說什麼，直到看到對方的反應，我們才驚覺自己說的話非同小可。然而，他們沒有這樣的機會學習觀察對方。

比起面對面的交流，線上交往所需要的感情風險少了許多：每個人經過精心的包裝，飄浮在網路大池子裡，與其他精心包裝的飄浮者擦肩而過——你一言我一語說著無關痛癢的話。雖然臉書偶爾也會爆發衝突，這種情況就跟現實生活裡關係出問題一樣，但要解決這類紛爭要容易許多，只要其中一方登出或點擊「解除好友關係」就行了。少了面對面的交流，不再與其他血肉之軀做真實的溝通，人類自我裡頭與人交往的那個部分勢必會日漸萎縮。

在推特上，孤立是以不同形態呈現的，因為它的「社群」基本上是陌生人組成。在臉書上，你通常會認識你的「朋友」，即使你們只在某年某月某日一起吃過午餐，從此就沒再交談過。但在推特上，人氣的標準並非「朋友」的數量，而是「追蹤人數」的多寡。在推播一則想法、趣聞、或文章時，人們期望得到的回應跟真正的朋友圈是不一樣的，他們並未期待別人按讚（雖然事後證明，最成功的推特博主是靠著集結按讚人氣而變紅的）。

用邪教追隨者來形容推特「追蹤者」一點也不為過：推特可以讓你有如神通廣大的吉姆．瓊斯（Jim Jones）[1]，隨便發布一則推文就能鼓動人群。我們都知道那種受網民認可的喜悅感：當一群網友追隨你的推文，將你所說的每句話奉為圭臬，你肯定會興奮到分泌大量腎上腺素。

但另一方面，假如你發佈了一則推文後，它始終晾在那裡，沒人回應、按讚、或是轉發，你就會感覺自己是個社交失敗者，受到某個廣大的未知群體——即整個世界——的排擠。沒人回應所引發的寂寞，則是推特或Instagram這類人人都可使用的公開社交媒體上特有的感受。我曾推文發佈一則很蠢的笑話（可能與動物有關吧。但這是大忌，千萬不要），結果過了一個小時，完全沒人回應的沉默令人窒息，於是我就怕事地把它刪了。我知道自己並未真正被人排擠，但心裡還是很難受；而刪除那則推文就像是搭乘時光機回到沒被人排擠前的時刻。人類是社交動物，無人回應的感覺就像是遭到族人的排擠。

當然，比推特沉默更糟的是推特酸文。特別是對女性而言，推特可能是個很危險的地方。二〇一四年，美國文化作家亞曼達．赫斯（Amanda Hess）當時的文章經常涉及性愛與網路的議題，她在《太平洋標準》雜誌上寫了一篇文章，詳細描述自己不斷受到強暴與死亡威脅騷擾的地獄般經歷。赫斯為此報了警，沒想到警察聽完聳聳肩，還問她：「推特是什麼東西？」

可惡的是，推特這間公司對於其平台上的騷擾行為始終不嚴加監管，而這塊新興領域裡法令又還不夠完善。到最後，赫斯僅獲得了一只禁制令保護，如此而已。與此同時，從二〇一四年起延燒多年的「玩家門」醜聞裡，我們看到許多知名女性（主要來自電玩領域）受到嚴重的網路凌虐，遭受男性玩家的惡意威脅和暴力攻擊。在推特上，同樣一批酸民找上了非裔美籍的女演員萊絲莉．瓊斯（Leslie Jones），大量散發種族和性別歧視的文字，還貼上哈蘭貝大猩猩的照片譏諷她。

赫斯、瓊斯等許多人在網上所遭遇的事件，其實是舊時代的厭女和種族歧視現象，如今透過全新的傳播媒介捲土重來。不過，另一個名詞更能具體說明社交媒體（其目的本該是把人連結起來的）為何會製造分裂，那就是「網路去抑制效應」。此一詞彙是由萊德大學心理學教授約翰．蘇勒（John suler）所創，用來描述人們在網路上會做出現實生活裡不敢做的行為，那些在文明世界裡必須全天候受到抑制的野性本能，一到網路世界裡全都解放出來了。

有時候，抑制解除是件好事，它讓我們重塑自我，或感到自在，因而敞開心扉，與人更加親暱，這才是社交媒體存在的真正意義。但是，「玩家門」式的咒罵則屬於蘇勒所謂的「不良去抑制」，它之所以發生的原因有很多，其中包括「匿名性」（覺得所做所為都不必負責任，反正別人不知道自己姓名）和「分離的想像認知」（網路其實就是個虛幻的世界，我們只是扮演某個角色，而不是真實的自我，相對地別人也不是真實的）。

我們之所以解放抑制，是因為我們看不見對方。線上的交流，跟實際面對面的相處是完全兩碼子事。如果我們的週末都在網路上度過，那麼我們要什麼時候才有空面對面在一塊？透過

1 美國人民聖殿教教主，曾號召九百多名信徒集體自殺。

觀察彼此的信號，像是嘴角彎曲的比例、身體是柔軟還是僵硬等，這才是真正的連結。如果我們沒有時間面對面相處，就無法磨練我們的人性。

強連結讓人更知足、更幸福、更長壽

「格蘭特研究」從一九三九年到一九四四年間於哈佛大學就讀二年級的學生中挑選了二百六十八名學生，對他們進行長達七十五年之久的追蹤調查，這是有史以來最耗時費力的一項人類縱向研究。精神病學家喬治．瓦利恩特（George Vaillant）博士在一九六六年接手這項研究後，追蹤當中權勢男性研究對象（約翰．甘迺迪也是其中之一）的成長軌跡，並出書記錄這些人隨著年齡增長變得有錢有名的過程。從他每兩年一次對這些人的採訪中，我們可以總結出一些重點：酒精是婚姻中最、最、最具破壞性的力量；年紀稍長之後，自由派的做愛次數比保守派人士更多；年少時與母親關係親近的男人比那些與母親疏離的男人賺更多的薪水。但是當瓦利恩特被問及「你從格蘭特的研究對象上面學到了什麼？」他個人的回答簡單多了：「人生中唯一真正重要的事情就是你跟別人的關係。」

瓦利恩特為他的匿名研究對象取了有趣、狄更斯式的化名，讀他們的故事就像在讀寓言。以化名查爾斯．博特賴特（Charles Boatwright）的這號人物為例，一開始研究人員認為他的人生不太可能有「好的結果」。假如金錢和名聲是成功人生的衡量標準，那麼博特賴特肯定不是哈佛大學拿來招生用的樣板典範。

博特賴特的一生可說是平凡無奇：他在新英格蘭的書香世家裡度過快樂的童年；自哈佛大學畢業後，他沒有像多數同學一樣展開鍍金的事業生涯，反而經常換工作，曾在佛蒙特州的木材工廠任職、送過牛奶，還替牛隻做過人工授精。然而，多年下來，研究人員總是發現他工作穩定、滿意現狀。

「生涯統合」是瓦利恩特評斷研究對象是否夠成熟的標準之一，但博特賴特也只有一次達標，就是五十多歲時買下一個船塢，實現了終其一生的夢想。他的第二次婚姻比第一次幸福，後來還成了繼父。他很喜歡這個角色，當他的焦點從自身向外轉到別人和人際關係時，他達到另一項成熟標準：「傳承能力」。到八十九歲時，他仍然每天運動二小時，每週做三小時的志工，並且常會探訪他的孫子，以及足不出戶的垂死友人。他捐了很多錢給慈善機構，重視精神大於物質的收益，用他自己的話來說，他始終是「社會的一顆齒輪」。在四十歲到五十歲期間，他曾說：「我感覺到自身有了顯著的變化；我學會更有愛心、更具同理心。」到了八十幾歲時，他表示：「我才不在乎自己是否留名千史，至少我享受過人生，度過極為美好的時光。更讓我感到驕傲的是，我曾經幫助別人的那些事情。」

我之所以在此講述查爾斯．博特賴特的故事，因為他完美體現社交連結的威力，並深深打動我。他的人格與幸福感的養成，並不是來自於他的職業或哈佛畢業生的光環，而是來自於他空閒時間所做的事情：建立人際關係。這麼做對身體也有好處：緊密的社交連結可以延長壽命，並且真的能夠增強免疫系統、加快病體的復原。

我們忙到連親密關係都不見了

我剛開始對週末這個議題感到興趣時，我先請自己家人簡短說出他們覺得最棒以及最糟的週末。其中最令我震驚的一項發現是：我們缺乏社交連結。

其實我們的週末很一般；我們並無宗教信仰，所以週末不會參加教會活動，當下就少了一條與社區定期聚會的管道。加上我們為人父母多年以來，社交圈已經縮小許多，身邊的朋友多是跟工作有關或是相交多年的密友。加上我們目前所居住的城市離兒時成長的家鄉很遠，所以家人都分居各地；就算互相探視也只是短暫相聚、聊聊近況而已。我們很愛我們的朋友，卻也不常相聚，就算小聚也總覺得時間不夠，而且品質不高。我們偶爾會請人來家裡吃晚餐或早午餐，每次都盡可能多請一些人把餐桌坐滿，特別是那些我們好久都沒回請的朋友。我們偶爾也會參加別人的派對或活動；然而，這些夜晚往往又吵又亂，要找人照顧小孩又很麻煩，加上聚會當中還得不停看時間，擔心晚回家後得支付更高的保母費用。難怪晚宴結束時最常見聽到的一句話就是：「很高興見到你；但感覺才沒聊幾句話就要走了。」

更令我震驚的另一項發現則是，我意識到自己跟先生相處的時間非常少，除了一起逛

IKEA以及教養孩子之外，我們兩人鮮少獨處。這種關係也可能變成一種公事公辦：指派和管理、分配任務和交換訊息。一想到在我們少之又少的獨處時刻裡，兩人談話內容卻只侷限在生活大小瑣事上，我就擔憂不已。我怕有一天自己可能會忘記他的其他面向，那些曾經讓我愛上他的部分。

某一次晚餐聚會裡，在昏暗燈光下，微醺的我聽見桌子另一頭有個男人在講話，我心想：「那傢伙挺酷的，我喜歡他對尼克．凱夫（Nick Cave）的評論。」可是當我轉身看他時，我才發現：「哦，他正是我嫁的男人呀！」但在其他時候當我看著他時，我腦子裡卻總是悲慘地想到李察．林克雷特（Richard Linklater）電影《愛在日落巴黎時》裡的那句台詞：「我覺得自己就像跟前男友共同經營一間小型托兒所。」

當我們延遲空閒時間，就等於在延遲我們的親密關係。一旦失去週末，把時間全奉獻給工作，我們等於失去加深親密關係的時間。於是，我當時的念頭就是找到那些善用週末建立連結、強化社群的人；我想知道哪些人做得更好。

狂喜舞會的初體驗

當我們走近「狂喜舞會」大門前，妮娜警告我：「裡頭可能會有抱抱哦！」我以前總是懷疑自己是否散發出「拒絕抱抱」的氛圍，此時終於獲得證實。

我回說：「我原以為這裡不允許肢體接觸。」

妮娜則說：「你情我願的擁抱是可以的。」

進入雙層大門之後，還有一個規則就是別盯著別人看；儘管如此，我還是忍不住盯著一個穿著彩虹條紋尿布褲的男孩像青蛙一樣跳來跳去，以及另一位大秀性感、雙手扭動做出撩人姿勢、從房間這一頭旋轉到另一頭的六十多歲白髮女子。他們跳得很棒，我第一個反應就是替他們鼓掌，但這麼做也是不被允許的。有些人穿著運動服跳舞，激烈的模樣似乎很想藉此燃燒更多的卡路里。另外，還有幾個小孩搖著呼啦圈。整場舞會裡，完完全全沒有一個人講話。我倒不那麼擔心有人突然跑來抱我，反而更擔心那位踩著高蹺、搖搖欲墜的男子。他看起來好像隨時會倒下來，壓倒好幾名舞者；就像森林裡一棵被鋸斷的樹，突然倒下來壓傷白雪公主的一票動物朋友。房間裡很暗，音樂很好聽，隱身陰暗處的ＤＪ此時正播放著重磅邦哥拉舞曲。

這群狂喜舞會的成員於每週日聚會，從早上八點半開始，地點就在舊金山教會區的婦女中心。

泰勒・布蘭克（Tyler Blank）表示，狂喜舞蹈結合了「靈性舞蹈與ＤＪ文化」。布蘭克是教雜技瑜伽的老師（沒錯，就是同時做雜技和瑜伽），這項聚會是他發起的，他也在舞池中跟著大家隨性舞動。自從在夏威夷迷上狂喜舞蹈後，布蘭克就跟他當時的妻子在奧克蘭租下一間舊的舞廳，創辦了這個舊金山團隊。短短幾個月內，就吸引了三、四百人參加，一到週日早上和週三晚上就聚在一塊跳舞。布蘭克說：「有些人把它當作治療；有些人則把它視為與自己內在的連結，或是一種社交的連結。」

在開始跳舞之前，參與者會先圍在一起閒聊，彼此分享當地發生的新聞和消息，那感覺就像牧師講道之前的閒話家常。奧克蘭團隊成立得比較久，如今已演變成真正的社群，成員在跳舞以外的時間也會相約聚會，例如舉辦各自帶一道菜餚的聚餐，或是各式各樣的募款活動，像他們就曾為了某個罹癌卻無法支付醫藥費的DJ募款。

布蘭克在這個團體看到的不僅是表達自我，而是超越自我的經歷，這將有助於減少城市當中可能發生的社會孤立。他說：「這種方式十分前衛，用它來體驗親密和感性，但不涉及性行為，相當安全。畢竟，人是很脆弱的。」

長久以來，人類總是會聚在一起跳舞，但「狂喜」這個標籤最初則是源自夏威夷卡拉尼（Kalani）舉辦的群舞派對。布蘭克滔滔不絕地說出它的起源典故，提到一個名為麥克斯・方譚（Max Fathom）的大師，還有一個名叫「五律禪舞（Five Rhythms）」的冥想舞蹈。在早期的狂喜舞蹈照片裡，舞者們總是穿著一身紮染衣飾開心地笑，雙手高舉向天空。過去十五年間，該舞蹈的理念已經傳遍世界各地，如今在北美、澳洲及歐洲各大城市已有成千上萬的參與者。每到星期天早上，他們就聚集在形形色色的舞會場所，付點費用進場跳舞（我參加的這場是十美元）。不過，說它們是「舞會」感覺不太貼切。畢竟，在這裡沒有敗壞風俗的行徑，而且有嚴格的規則：不准觸摸、不能交談、不許喝酒或嗑藥。我不確定是不是所有人都很亢奮（嘿，蛙跳的傢伙，我就在說你），但這肯定不是參加舞會的先決條件。況且說實在，這時間就嗨起來未免有點早。

社會學家艾彌爾・涂爾幹（Emile Durkheim）寫道，儀式會創造出「信仰」和「歸屬感」。他以宗教和特定的術語來看待儀式——即一群人聚集圍繞在某個神聖物體前；不過，狂喜舞蹈是世俗的，它只是具有儀式的樣貌，而儀式中的神聖物體其實就是舞蹈本身。舞會活動有重複性而且時間固定，每週日早上，如此而已；人們聚到一起，塑造出一種族群認同。規則創造了條理，整個空間十分安靜、讓人感到自在，這些特點聽起來就跟教堂作禮拜一樣。涂爾幹認為，宗教活動不一定在神學或哲學場所進行，也可以在世俗社會裡體驗。

所有的星期天都應該由慶典開始

請容我先談一談我個人體驗後的想法。對於一個外人來說，狂喜舞蹈剛開始看起來還真有點蠢呢！我先前就跟妮娜說過，我已經很久沒跳舞了，何況我本來就不太會跳舞，四肢總是不協調。更悲慘的是，在我成長年代裡流行的舞步，是電影《早餐俱樂部》裡莫利・林沃德（Molly Ringwald）的側滑曳步舞，比那再難的肢體動作我就跳不來了。然而，才過了十分鐘左右，我就拋下自尊不管了。昏暗的燈光幫了大忙，而且規則讓我感到安心；因為規則的關係，他人似乎就不會指指點點或是嘲笑我（或兩者都有）——我希望沒有。

場上我們大約有五十個人一起跳舞（一整個早上有時多有時少），但大家各跳各的。我不禁想起《查理．布朗的聖誕節》，裡頭所有卡通人物都在自己的一小塊區域開心地跳舞，他們雖然聚在一塊，卻各自跳自己的。沒碰到彼此的身體，歡樂卻是無窮。在群體聚集的空間裡體驗到個人內在強烈感受，跟在教堂裡禱告是一樣的；也難怪就算音樂愈開愈大聲、節奏愈來愈快、人們狂放扭動著身軀，這裡的氛圍還是如此祥和平靜。

我是從高中老友葛雷格那裡得知狂喜舞蹈的，而妮娜就是他太太。他們倆早在舊金山房地產市場狂漲之前，就在幾個街區外買下了他們現在住的維多利亞式豪宅。當時那裡才剛要轉型成高級住宅區，環境比現在還糟，院子草皮上有時還有發現人的糞便。然而，隨著房子價值日漸提升，社區成功轉型，如今他們得以安心跟七歲兒子坐在後院的檸檬樹下乘涼。

他們是典型的加州人，據說加州人的幸福感是全美最高的。他們的人生課題就是充分利用在這世上的短暫生命：他們經常旅行，而且參加過二十幾屆的「燃燒人節慶」（在我印象中，還沒碰過哪一個舊金山人沒有參加過「燃燒人節慶」）。就連他們的工作也很酷且富含意義：他們共同寫了一本談咖啡文化歷史的書，然後妮娜開始去一家強調公平貿易的美味巧克力公司上班。如今，隨著種植大麻的熱潮興起，他們正計劃成立一間公司進口大麻二酚，那是藥用大麻的一種成分，可以減輕疼痛和焦慮，卻不會對精神造成影響。

總之，這群人並不延遲享樂，而是把玩樂融入生活當中。事實上，他們已經找到門路經營咖啡、巧克力，還有大麻的生意；我不禁對他們致上崇高的敬意，但最讓我佩服的是他們竟然有那麼多的時間，去做那麼多的事情。葛雷格給我看他去年夏天跟兒子參加 Tipsy 水上露營活動的照片，該活動辦在週末，在那期間露營者聚在一起利用廢棄物或現成物品打造出一艘破船。照片中他兒子搭乘一艘蘇斯博士怪異風格的船飛了起來直衝水庫，一副爽到爆的表情！

星期天早上，妮娜有時會跟家人告假，獨自一人跑去參加狂喜舞會。妮娜說：「我以前一直都愛跳舞；在我成家生子之前，跳舞是我人生中很重要的一部分。如今，我總是想方設法去跟生孩子以前的我重新連結。我覺得，如果我不花時間這麼做，我就不再是我。假如我一整個週末都陪孩子，可能會很單調無趣。唯有在黑暗中跳舞的時候，才是真正的我。」

在一個對自己肉體毫無興趣的陌生人前舞動身軀，是可以完全展露自我的。這就是為什麼和陌生人跳舞，反而比跟你在意的人做愛還更親密。不過，人們的沉默跟音樂的節奏之間有一種不自在的對比。布蘭克說，嚴禁交談的規則用意是讓人們在跳舞過程中不受打擾，達到幾近冥想的狀態，但實際上它卻是人們最難遵守的一條規則。有些人來了以後發現自己不能接受這項規則，就離開不再來了。「非語言溝通十分有趣；我覺得它是一項失落的藝術。藉由不說話，我們把注意力全放在音樂本身以及個人對音樂的表述上。總之，這是一個能夠將大家連結起來的獨特儀式。」

沉默和儀式似乎跟星期天一大早的情緒還算吻合，星期三晚上的舞蹈就不同了。布蘭克發現，週三夜的感覺不太一樣；黑夜會讓人們逗留更久，舞蹈也更加深入。週日就是光明，週日給人神聖的感覺。布蘭克說：「當你一早起床跳舞時，會有不同的感覺。大家的狀態都很雷同：剛從睡夢中醒來，人人都神清氣爽的。星期天早上每個人的眼睛都睜大大的，清楚看到對方，處於一個更正面的氛圍。」

狂喜舞蹈之所以會流行起來，跟它發跡的特定時空有關：二〇〇〇年中期；幸福感高昂、喜愛享樂的舊金山；文化和世代多樣性；以科技為主要產業的一個地方，更浪漫的說法應該是拓展經驗的產業。但舞蹈本身也很古老，反映出人們超越身體、追求精神的原始渴望；表達出某種未經過編排、未知的東西。

蘇菲教徒跳旋轉舞來頌揚神明；聖經裡充滿著禮敬和讚美舞蹈的描述，如〈出埃及記〉所記：「亞倫的姐姐女先知米利暗，手裡拿著鼓，眾婦女也跟她出去拿鼓跳舞。」她們跳舞是為了慶祝自由，將奴隸們從法老的無情製磚工程中解放出來；她們跳舞是因為她們不用工作。

狂喜舞蹈是具有感染力的。在場上，我們都在追隨彼此，即使不是表面上的那種追隨。換句話說，一個人跳舞的喜悅會讓身旁的人也跟著解放束縛，進而感同深受。這是一種特殊的同志情誼：群聚一塊，卻各自獨立。然而，跳舞時大家絲毫不覺得疏離隔閡，反而感到親密無間。像我就感受到它的魅力：閉上雙眼，反覆的節拍聲響離我愈來愈遠，把我推進某種出神的狀態。我們始終都清楚自己跟別人共享同一個空間，於是我們一方面無憂無慮享受舞蹈，一方面同時小心翼翼不撞到其他人。

在舞池裡，我們體驗到了親密關係。一上午的舞蹈結束後，人們紛紛湧進走廊，聊天談笑、制定計畫。稍後，我朋友還會去公園跟其他舞友碰面；有些父母則會帶著孩子去妮娜家那棟維多利亞式的豪宅裡吃比薩。這種真誠的親密關係迅速征服了我這個生性多疑的東岸人，並撫平了我天生對彩虹編織的反感。

不過，狂喜舞蹈跳起來超級累人。我跳了整整兩個小時，我不知道以後還會不會參加。但有件事我肯定知道，那就是所有的星期天都應該由慶典開始，連結某個原始且聖潔的事物，或是與其他人面對面共同度過。

工作是被動的宗教，讓人感覺麻痺，卻也獲得安慰

我的父母是超級無神論者，他們曾參加聯合基督教會，之後卻又離開，並且是六十年代公然反抗傳統的「怪旗飛揚」一族。成長過程中，我總是嫉妒我的猶太教朋友，羨慕他們有不得不去的夏令營，還有在週五晚上可以享用兩樣最棒的物品：蠟燭和麵包；他們每個星期都有著固定的行程。還有那些主日學結束後會到公園跟我們一起玩的基督教友人，他們顯然是在地下室上課，總有聽不完的處女生子（驚！）和一整船動物的瘋狂故事。提起他們的週末課程，我

的猶太教和基督徒朋友總是說「那很無聊欸！」。顯然他們是騙我的。

首先我得承認，儘管我一直對未知的力量感到好奇，並對於連結人類彼此、以及聯繫人與至高無形力量的那條線深感好奇，但我從未把那股力量當成是上帝。我是那種宗教打醬油的人，這讓虔誠信教的人非常反感，他們做出明確的宗教抉擇，不像我處於灰色地帶。

十九歲的時候，我曾在泰國的一間佛寺待了幾個月；三十歲的時候，我還到印度一間印度教修行所待了幾個月。在這之間，我也去過幾所教堂冥想、做瑜伽；還曾到耶路撒冷的哭牆朝聖。我偶爾因為深受美的感動，才會相信它們是超乎自然的。我的意思是，我懂了；那是一種追求秩序的激情。我尊重所謂的神蹟降臨，以及所有以神的名義做出的驚人善舉。但坦白說，我其實比較偏向克里斯多福．希鈞斯（Christopher Hitchens）式的無神論述；我不喜歡凌駕科學的奇蹟，我也不樂意看到人們藉古法名義大行齷齪的作為和屠殺血洗。

其實，像我這樣的無神論者並非少數，當今世界已變得愈來愈世俗；不認可任一宗教團體的美國人愈來愈多，就連占美國人口大宗的基督教徒，人數也在減少。人們對宗教組織的信任不斷逐年下降，而且至少持續了三十年之久。

由於信教人數的下降，支撐週末的鷹架也隨之崩解。儘管有很多美國人，尤其是非裔美國人和南方人，仍然堅持在星期天早上去教會禮拜；但對其他人來說，週末的宗教活動已經被工作取代了。如今，工作不僅佔用原本該從事宗教活動的時間，它還成為人們奉獻和認同的焦點，取代了原有宗教的地位。

正如班傑明・亨尼卡特所指出的，在十八世紀，工作是尊崇上帝的一種方式，是人類最真實且最崇高的使命。如今，工作本身就是使命。這也是我們一週最核心的問題所在：工作甚至塞滿我們週日的時間，這段時間一度是我們保留下來探索人生重大問題的。亨尼卡特在OfSpirit.com上接受採訪時表示：「有些人仍然會去天主教會和猶太教堂作禮拜。只不過，如今工作變成一種毒品，取代了前面幾代人更深層問題的困惑：『我們生於無窮，最終又將回歸無窮。這究竟是什麼意思呀？』工作成了安慰劑，提供我們一個無需經過審查的答案。我們不必去思考那些更深層次的事情……工作是被動式的宗教；我們不必思考它，它卻能安慰我們，令我們的精神癱瘓，因而不用再擔憂那些事情。」

然而，精神癱瘓無疑是一種社會孤立。假如我們不能跟其他人一起探索同樣的問題，我們就成了孑然一身。要支撐我們現在這樣一個以工作為中心的文化，就需要一大批「我最棒」的個人主義者；難怪我們的社交連結和歸屬感從八十年代開始就不斷下降。這種孤立感之所以形成，其實有個非常實際的原因：公共政策削減許多社交場所的經費，如圖書館和社區中心，這意味著免費、無需付錢的公共場所愈來愈少。我們迫切需要這些即將消失的場所，亦即城市社會學家瑞伊・歐登伯格（Ray Oldenburg）所謂的「第三空間」，它們是人們在家（第一空間）和工作場所（第二空間）之外聚會的中立空間。它們是連結人們的空間，就像狂喜舞會所在的舊金山教會區婦女中心一樣。

一項橫跨美國二十九州、四十個社區的大型研究表明，個人幸福感與社交連結和信任感之間的關係更為密切，甚於它與教育或財富之間的關連，這與哈佛大學格蘭特研究的結論不謀而合。然而，長時間工作的文化使得人們在第三空間的聚會變得愈來愈難；原因很簡單：沒空。在政客大聲疾呼社會結構的崩解時，他們必須理解到：當一個社會裡的成員不能夠、或者不願意在工作以外的時間外出群聚時，那個社會勢必會愈來愈弱。工作與生活的平衡不光在工作場所內就能搞定，它已經牽涉到公眾利益的問題了。

一百年前，涂爾幹寫道，當人民感覺自己與社群疏遠時，自殺率就會上升。他認為我們每個人都擁有雙重意識，也就是「個人」與「社會」的自我。一旦失去平衡（追求個人慾望超越群體需求），人們就會與社群疏遠；社會就會進入「道德淪喪」的狀態：毫無意義，人心疏離。然而，宗教並非解決這種社會疏離的唯一手段。如今，有愈來愈多認為自己是世俗主義者（即無神論者、自由思想家、或懷疑論者）的美國人，即便不是以上帝之名，他們還是會定期跟其他人聚會，形成自己的社群，避免「道德淪喪」的發生。

週末的聚會與活動，讓大家一起變得更好

星期六晚上六點左右，在位於聖地亞哥南部某帶狀購物中心的潘娜拉麵包咖啡店裡，傑森

把兩張桌子合併在一起。傑森是「咖啡談話」的主辦人，這是一項由聖地亞哥人文主義協會贊助的週六夜活動，但即使是不懂人文主義的人也可以參加。有時候來五個人，有時候則來二十五個人。

目前就讀法學院的傑森會在活動前幾天發送待討論的新聞網址給大家，並準備好一個議程。他發現，事先擬好議程有助於規範對話，避免大家陷入各說各話的混亂。據傑森描述，這些聚會具有像第一天開學時的蓬勃活力。等每個人點好飲料就座之後，他們便圍著桌子依序說出自己名字。依照議程的進行，大家發表看法；每個人都有機會說出自己的意見（保持沉默也可以）。

傑森比較傾向哲學和政治的話題，但他偶爾也會輕鬆一下，像新聞價值超高的卡戴珊家族就一度成為他們的話題。傑森說：「有些嚴肅的人不喜歡談這種事情，他們會認為：『我們為什麼要談論那個有十七個孩子的女人？』他們想要談普丁總統併吞克里米亞；可是其他人則表現出一副『我連克里米亞在地圖上的哪個位置都不知道？』的態度。」偶爾，他們的主題還真的跟人文主義的原則有關，譬如：「沒有上帝的話，我們會善良嗎？」大家圍成圈依序發言，感覺有個無形的發言棒在他們之間傳遞。傑森表示：「事實證明，這麼做讓每個人都能像專家一樣展露光芒。」

古希臘人會聚集在彼此家中參加「專題研討會」：辯論、吟詩、唱歌、大量飲用由水稀釋過的酒（沒教養的人才喝不加水的酒）。相隔數十世紀，古今兩處的差異其實並不大，些許差別就是桌上的食物（在帶狀購物中心潘娜拉麵包咖啡店裡大家喝的是焦糖拿鐵）。誠如阿里斯托芬對專題研討會的描述：「……桌上放滿最精緻的菜餚；長沙發上頭鋪著最柔軟的座墊。」

當然還有一點，專題研討會並非「來者不拒」。阿里斯托芬說：「奴隸們站成一排，等著幫客人撒香水。」這顯然是歷史上最糟糕的餐宴工作，而且女人並未受邀針對民主的未來發表意見，雖然她們還是有參加，只不過是以吹笛手和交際花（即高級妓女）的身分出席。

時間往前快轉到十七、十八世紀，在法國舊政權期間，有錢的貴族女子則經常是沙龍學會的組織者和參與者呢！當時藝術家和貴族群聚一塊辯論的時代被稱為「談話時代」，這個時代正符合雪莉・特克[2]對於談話的要求：密切交流想法、而且是面對面的。

休閒往往跟談話有關。在二十世紀初，紐約名媛梅布爾・道奇（Mabel Dodge）在她位於格林威治村的公寓裡主辦了週三夜間沙龍對談。瑪格麗特・桑格（Margaret Sanger）有時會來參一腳，暢談生育控制，與會者可能還包括攝影師阿爾弗雷德・施蒂格利茨[3]、精神分析師，

---

2 Sherry Turkle麻省理工學院科技社會研究教授，臨床心理學家。投身科技心理研究超過三十年，被譽為科技界的佛洛伊德。

3 Alfred Stieglitz，二十世紀美國最有影響力的三大攝影師之一，被尊稱為「現代攝影之父」。

以及工會領袖。他們的談話內容或許會轉向藝術、性愛或政治，席間不時會有Pinch蘇格蘭威士忌、古崗佐拉起司三明治和火腿供大家享用。歷史學家安德烈亞・巴奈（Andrea Barnet）寫道：「道奇的沙龍是哈林黑人首次與格林威治村波希米亞人相聚的地方。同時，這也是波希米亞白人首次嘗到這種平行存在的黑人文化，並且積極效仿，迅速將它發揚光大。」在最棒的談話裡，社會地位和階級的線是交錯的；透過面對面接觸中彼此整合想法。藉著談話，社群從而形成。

人文主義者相信，理性凌駕在宗教和超自然之上。他們認為，道德和倫理的決定應該以理性與同理心為基礎，而非根據宗教教義。傑森骨子裡就是個懷疑論者，所以才會造就今日的他；換句話說，他一直都是個愛找麻煩的傢伙。十七歲時，他在內布拉斯加州的某個小鎮上參加了五旬節的夏令營；他形容當時的自己是「腐化的影響力」。當牧師為孩子們呈現完精彩的夜間表演之後（唱歌、跳舞，還有上帝），他舉手問道：「快問快答：『如果上帝真的這麼厲害，你們為什麼還要花那麼多錢在音樂和燈光上面？』」

傑森小時候也經常搬家。有史以來，世界人口從來沒有像現在這樣大幅遷徙。整個世界都在遷移，這使得追求穩定的社群更加困難。傑森開玩笑說，大多數美國人初識問對方的第一個問題是：「你是幹哪一行的？」但在聖地亞哥，人們則是問：「你是哪裡人？」這座城市是一個中繼站，連接美國南部和西南部的附近城市。

傑森來自內布拉斯加州，但他住過麻薩諸塞州、科羅拉多州和墨西哥。在星期六晚上的「咖啡談話」裡，散居各地的族人得以重新聚集。「當每個人都來自不同的地方，我們這個團體就扮演著一個特殊的角色。我們把人連結起來，彼此間建立密切的關係，就像家人一樣。我們等於取代了人們更深層次的關係，形成一個大家庭。」

傑森少時的自作聰明如今已經被鍛鍊（或者轉型）成另一種形式：對社會正義的追求。通常，聖地亞哥的人文主義者會為了社會改革行動而聚集在一起；像去年，他們就參與了支持同性婚姻的「反8號提案」集會活動。兩個小時的談話結束後，小組的某些成員會一起出去散步，或去酒吧續攤。有時他們會待在一起，直到凌晨三、四點才分開。

據說，這種非宗教的聚會十分流行（但目前沒有數據可以證實它到底多流行）。在英國倫敦舉行、非宗教性質的「週日集會」上，人們於星期天早上聚在一起探討哲學、音樂，以及該活動的座右銘：「活出精彩，時常助人，保有好奇心」。該集會的氛圍相當輕鬆；像我家附近的分會前陣子在它的臉書專頁發布了一則消息：最近的集會場地由圖書館改到某購物中心的美食廣場。週日集會創立不過短短幾年，就已經在八個不同國家設立分會，人們聚在一起唱歌、聽振奮人心的演講、進而建立社群。

隨著宗教組織逐漸勢微，最近有不少調查顯示，認同「靈性」而非「神性」的人數有增加的趨勢。根據二〇一六年皮尤研究中心的一項研究指出，這類的人近年來顯著變多了，不僅包括無宗教信仰的人，當中也不乏宗教信仰之士。他們表示自己「經常感到心靈深處的平靜與喜樂，並且對於這個世界充滿高度的好奇心。」這可能會被嘲笑為「以社群為幌子的勵志自助活動」，等同把印度靈修大師狄帕克視為上帝一樣；但不可諱言地，非宗教性質的追尋的確正在重塑我們的週末。

在Meetup.com（依興趣羅列出各種社群活動的網站）以及大多數城市的咖啡店公告欄上，我們常會看到週末瑜伽營、像是傑森那類的談話活動，還有冥想課程的刊登訊息。非宗教的「世俗靈性追尋」顯然滿足了人們心中遭到冷落的那個部分，讓彼此之間得以建立連結。要知道，工作環境儘管能營造出大家庭的假象，卻複製不出這般緊密的情誼。

傑森說：「我看到這些人變成朋友，他們的生活也變好了。原本孑然一身的人不再那麼孤單；像有人生病、需要別人幫忙帶食物過去的時候，我們就會幫忙。」針對談話和聚會實際造就了什麼成果，他用一句話簡單做出結論：「我們讓大家的生活變好了。」

在沒有宗教架構奠基下，建立社群是需要費一番工夫的。我們不是出生在部落裡，但有必要找尋、或是創造它們。一切都得從零開始，並無指南可供參考。然而，我們有可能在週末建立起全新儀式，進而獲得慰藉。

虔誠的週末，讓孩子自己決定要變成怎樣的成年人

儘管社會大眾不信教的稍多於信教，禮拜崇敬依舊為許多人的週末重心。縱然人數可能已經減少，但仍有百分之三十七的美國人聲稱自己每週會參加一次宗教活動。（當然，這個數據是受訪者自我報告的，實際的數字——至少根據美國教會研究計畫裡那些教會大老蒐集來的數據，可能還不到一半）。那些週末進入神聖廳院做禮拜的人，是在遵循一個古老的傳統；數百年來，該傳統維繫住人與人之間的關係，並建立起社群。主後的最初幾十年間，早期基督徒在星期天（即星期開始的第一天）會聚集在私人家中，與其他信徒共享一餐飯，隨後進行講道預言，並伴隨著飲酒歌唱。

而對於穆斯林來說，週五的祈禱則標識週末的開始。

從芝加哥搭乘通勤火車往西南方向大約四十五分鐘後，可以看到一座是像山的建築從平地上升起，充滿美麗和驚喜，那就是奧蘭帕克祈禱中心。它仿照耶路撒冷圓頂清真寺建成，像一只拋光的金雞蛋閃閃發亮。它位於象徵郊區的各種標誌之間：帶狀購物中心、高速公路，以及設有氣派大門的社區（社區名稱還是用花卉拼排出來的呢！像是「歡迎來到綠頭鴨的家」）。祈禱中心實際上是由兩棟建築物組成，中間由一條通道連接。在上面可以俯瞰一片天主教公墓和黃豆田。在如此空曠的土地上，這座清真寺感覺格格不入，就像一架墜毀的太空船。

二〇〇四年，在當地穆斯林領導人提出建造這座祈禱中心時，城鎮會議爆發激烈爭執，連賓拉登和九一一事件也都翻出來吵。但是芝加哥周邊地區的阿拉伯裔人口不斷在增長，他們需要一個聚會的地方。芝加哥和其周邊地區擁有全美最大的阿拉伯人社區，大約有十萬名居民，主要是巴勒斯坦裔和埃及裔。這些巴勒斯坦人並非美國的新移民，早在十九世紀後期就曾有過第一次移民潮，他們經常在非裔美國人的社區裡開設商店。一百年後，他們當中有許多人落腳奧蘭帕克附近的郊區。

在這一帶，中東特色雜貨店以及販售美味中東蔬菜球和鷹嘴豆泥的餐廳處處可見；但當某個星期五晚上我來到這裡時，我的導遊（名叫蘇珊娜的清真寺志願者）問我想不想先去Dunkin' Donuts甜甜圈店的得來速買點東西，再去參加清真寺的活動。當時我坐在她的SUV休旅車裡，她十三歲的兒子坐在後座（她總共有三個小孩），專心在打電動。

蘇珊娜十分優雅而且很高，即便穿戴頭巾和「阿巴亞」（黑色長祈禱服）還是看起來很高，臉上的妝容完美無瑕。她在公眾場合本來就會戴上頭巾，但在芝加哥市中心的一家金融公司下班後，她必須先搭車回家換掉上班穿的衣服。此時，我倆點好超大杯咖啡，穿過高速公路開往清真寺。我向她問起「伊斯蘭恐懼症」的源起，以及二〇一五年在這裡發生的持槍掃射清晨祈禱信徒的震驚事件——此項罪行至今仍未獲破案。蘇珊娜連珠炮地說出她的回答，但表情十分淡定，竟無一絲激動：「哦，這麼說吧！現在輪到我們了。這事發生在民權運動期間；

總是有人要當箭靶。我們所能做的就是成為他們的好鄰居。」我很好奇她口中的「他們」是指誰？蘇珊娜出生於芝加哥，在奧蘭帕克長大。她是土生土長的美國人，只不過父母來自巴勒斯坦。她是個虔誠的信徒，而她的週末是由信仰所構成。

教會長期以來為移民提供了庇護，替新移民即時提供社群。對於穆斯林來說，這間清真寺是他們的庇護所，尤其在他們的宗教經常受外人誹謗、遭狂熱分子扭曲的時候。事實上，全美只有不到百分之一的人口是穆斯林；相較之下，百分之七十的美國人自認是基督徒。將近有百分之七十的美國穆斯林認為宗教在他們的生活中非常重要，三分之二的人每天會祈禱；幾乎有一半的人遵循《古蘭經》裡所示，每日祈禱五次。

星期五是他們最神聖的一天。那天下午，祈禱中心的停車場停滿車子，全是前來參加「主麻日」公眾禮拜的。男性信徒將樓下的祈禱大廳擠得水泄不通（週五禮拜只有男人必須出席），而女性信徒則在上面的樓廳空地上祈禱。

我們在傍晚時分抵達主麻日的後半場活動，此時父母紛紛開車把孩子送過來，就像送他們學校參加舞會一樣。這個活動被稱為「週五現場夜」，針對十三歲到上大學前的孩童。它在網站上是這樣介紹的：「一場青少年的屬靈聚會，充滿靈性與美好時光。吃喝、歡笑、祈禱和學習！」

與清真寺的穆斯塔法（Sheikh Kifah Mustapha）見面時，他並未握我的手，而且我們在他辦公室談話時，他把門敞開著。他輕聲對我說，美國穆斯林人口平均來說比非穆斯林人口年輕許多，青年信徒的人數在不斷增長。隨著三十歲以下的社區人口激增，祈禱中心希望設計活動以招攬社區中最年輕的成員們參與。他告訴我：「我們必須建立一處安全的區域，讓他們遠離霸凌和壓力。可是孩子們只有十五分鐘的專注力，所以我們必須把活動設計得活潑有趣才行。」

於是有了「週五現場夜」這樣的活動：由年紀較大的青少年（通常是大學生）揮舞著無線麥克風主持節目。男孩們坐在房間裡的一邊；女孩則坐在另一邊；他們都已經把鞋子脫掉，放在門邊的鞋架上。女孩們戴著頭巾，穿著寬鬆的衣服；大多數男孩穿著牛仔褲和田徑褲，運動衫和棒球帽上都有球隊或企業的標誌。許多女孩的頭巾都有鮮豔的顏色和圖案，就跟時下青少年透過把頭髮染成紫色或穿著圍胸小可愛一樣，意圖表現出自己獨特的個性。蘇珊娜跟我說明，假如男孩想要跟女孩約會，必須先跟那名女孩的父母談；而且大部分的時候，男孩和女孩彼此不會對望。

撇開那個明顯的男女分區不看，這其實是個非常典型的社區中心節目——你問我答、短片播放、點心享用，只不過帶有宗教色彩。當麥克風在房間裡傳來傳去時，有令人坦誠相見的效果。就有一名女孩起身說出自己如何遭霸凌、如何被人造謠中傷。她聽起來像是個普通的少女，在她說話過程裡，觀眾紛紛表示支持，也不時有人交頭接耳。接著，青年主持人與她分享

《古蘭經》的勵志故事做為支持。他們將這些道德典故清楚傳達給觀眾，寓意通常簡明易懂，就是：做正確的事。

另一個環節是讓孩子們以匿名的方式提交問題。其中有個問題來自一名男孩，他想知道看太多色情影片該怎麼辦。然後，青少年主持人投影出一則八歲孩童持槍的新聞剪報，展開兒童持搶是否合乎道德的辯論。討論十分熱烈，不時有人叫喊與歡呼，還有人擊掌稱讚。

在房間裡的一大群孩子不斷動來動去，有的起身走動，有的喝著超大瓶蘇打水，有的查看手機。無論是投入活動，或是抽離做自己的事，大家都各自聚集在房間的兩邊，玩得十分開心。

傍晚五點五十分時，有廣播提醒大家祈禱的時間。此時，男孩們一同走進祈禱大廳，女孩們則上樓走向架高的樓廳，俯視著男孩。我跟著她們上去，看著男孩們或坐或站隨著音樂聲祈禱。有些青少年完全不祈禱，只是懶洋洋躺在鋪滿房間的地毯上做自己的作業。

一個名叫穆罕默德的十五歲男孩告訴我，這是他大多數星期五晚上做的事情。他說：「我認識一群本來週五晚上跑去運動的孩子，但他們現在都改來這裡了。」另外一名十八歲女孩戴安娜跟我說：「我高中時開始來做志工的，這裡是我的第二個家。我唸高中的時候，真的覺得很孤單疏離，擔心無法融入別人，怕他們不喜歡我戴頭巾的樣子。但這裡才是我的家。」她告訴我在這個清真寺所做的志願工作：為燒傷受害者而跑的一場有趣賽事；清掃住房發展中心旁的公園（該中心曾十分反對清真寺蓋在這裡）。據伊瑪目說，這種社區參與不僅僅是慈善活動，也是一種融合的方式：「我們不能只活在自己的小圈圈裡。」

這是一個尋常的場景：教會和社區中心總是試著把孩子聚集在一處，讓他們一起玩樂、一起閒聊。但是，在這裡還有一個非比尋常的場景，那就是，對青春期孩童充滿誘惑的典型郊區裡，竟有數十名青少年在星期五晚上聚集在一間禮拜堂裡思考和對談。蘇珊娜為此感到自豪，並多次稱讚說：「他們都是很棒的孩子。」

祈禱中心的計畫是讓這群孩子保持密切聯繫，安全度過這些年，這正是所有父母都想要的。從這些關鍵的星期五晚上裡，每個孩子將決定哪些部分適合沿用至成年；而且，每個人都將決定自己要蛻變成怎樣的成年人。

做善事，會讓時間變多

唸高中時，我承認我對特蕾茜．弗力克[4]這類的同學非常感冒。他們每天的午餐時間總是拿來賣慈善餅乾，為非洲飢兒募款；每個週末都排滿洗車服務，為國際特赦組織募集資金。出發點是很棒沒錯，但他們做秀的樣子實在令人不屑：「沒——錯——啦，你們就是比我們好！」他們當中有人甚至擺明就是為了漂亮履歷才做善事，無私行善的背後只為了自我推銷。

然而，即使如此，我也知道每當有人叫我拿起海綿，或者站到一桌肉桂麵包後面義賣時，我都有種超級爽的感覺。我會計算所得，想像這點收入可能給某個人帶來多少的差異，而那個人可能住在離我安逸生活很遙遠的某個國度裡。後來，我收起自己憤世嫉俗的看法，並在二十多歲的時候，到一間專為女性開設的性健康診所裡當了好多年的志工。我們接受了「同理傾聽」的訓練，跟那些處於生命高點和低谷的人們坐在一塊，當中包括有：處於熱戀期想要在初夜之前尋求避孕方法的女孩；意外懷孕而不想生下寶寶的女人，因為她還沒跟男友結婚，而且前一個孩子還在蹣跚學步。

每週在那裡的三小時值勤，是我大學畢業後那幾年極為重要的經歷；它對我造成的影響可能比我任何一個給薪工作都還要深遠。我通常做完白天工作（服務生、實習生、研究生）後，於下午稍晚去做志工，等結束後離開診所時，外頭都已經天黑了。我不知道在這中間外面發生了什麼事；志工服務徹底改變了我跟時間的關係。

那種全心投入工作的感覺，我向來把它歸納成「心流」狀態；不過，它們有可能是完全不同的兩回事。根據二〇一二年在《心理科學》雜誌發表的一項研究指出，那些奉獻時間給別人的人，反而覺得自己有更多的時間。

在該研究的一項實驗裡，一組受試者被分派到一件有意義的任務，譬如寫卡片給某位罹患重病的孩童，或者替某個邊緣學生審論文稿。第二組受試者則被指派做消磨時間的事情：看一

4 Tracy Flicks，電影《風流教師霹靂妹》裡的女主角。

段拉丁文段落，計算裡頭有幾個e。在另一項實驗裡，第二組受試者只做一些對自己有益的事情。到了第三項實驗時，他們獲准提早離開實驗室，從而多出了空閒時間。無論在哪種情況下，從事受益他人活動的那些人都覺得自己比其他組人擁有更多時間，儘管他們明明有部分時間被拿去做慈善活動了。研究人員把這種感覺歸因於「自我效能」。該研究作者寫道：「把時間花在別人身上，會使人感到高效、很能幹……同樣一段的時間會被視為更長，因為完成的事情變多了；時間更能『充分利用』。」週末從事志願工作，可能會讓你的週末變長，或者至少讓它看起來變長。

美國人早已有週末從事志願服務的趨勢：週日是一週當中最多人做志工的一天，全美有高達百分之七點五的人參與。但週六卻是第二低的，只有百分之五點八（最低的是星期一）。總體而言，二〇一五年是美國志願者人數創下十年來新低的一年。時間不夠是人們不做志工的主要原因；假如我們連照顧自己和家人需求的時間都快沒有了，加上工作不斷在蠶食我們的空閒生活，那麼我們又剩下多少時間能留給別人呢？

不過，我這裡有一個週末空出時間給別人的好理由：因為當志工對你有好處。志工罹患憂鬱症的比例偏低，幸福感比較高；從事志願服務甚至會讓你活得更長壽。志願工作是連結社交網路的一條快速通道，將人們拉進自己以及附近的社區，進而改善我們居住環境的生活品質。此外，志願服務也被證實可以加強同理心，懂得站在別人的立場著想，試著理解他們的世界觀。而且，最重要的一點是，自己的行為也會相應改變。

從神經系統的角度來看，我們人類天生可能就具有同情心：由西北大學醫學院認知神經學家喬丹．格拉夫曼（Jordan Grafman）主持的一項大腦造影研究裡，研究者讓受試者躺在功能性磁振造影儀裡，要他們決定慈善清單上的哪些機構應該獲得捐款。研究者推測，負責理性和邏輯的額葉區域會開始發亮，經過證實也的確如此。但令人吃驚的是，他們發現更為活躍的區塊竟然跟做愛和吃東西時會發亮的大腦部位一樣，亦即我們的愉悅中心。再者，更加令人驚訝的是，在捐錢給別人、以及自己收到錢的這兩種情況下，受試者的愉悅中心竟然同樣活躍。所以，幫助別人真的會感覺良好，而且就跟做愛和大啖巧克力一樣美好。

在美國，有一個地方是十分盛行志工服務的：猶他州。每一年，猶他州民從事志願工作的時數始終高於其他各州。大部分的志願工作都是出於宗教信仰而做的，這不難理解，畢竟這裡是摩門教的大本營。不過，當我和鹽湖城猶他大學一名經常做志工的學生丹妮兒聊到這點時，她說：「其實我們是天主教徒，可是宗教從未在我的生活中扮演很重要的角色。」

丹妮兒的生活行程多到爆，但她說自己一點也不覺得忙。她是猶他大學的全職學生，未來想攻讀醫學院。她在耐吉特價商店打工，每週至少工作二十小時。她還患有克隆氏症[5]，雖然

5 一種發炎性腸道疾病。

已經多年沒嚴重發作過。到了週末時，她則透過學校的洛厄爾貝尼恩社區服務中心仲介，積極參與「社區的事物」。這只是她輕描淡寫的說法，事實上她每個月都花數十小時的時間在籌辦週六的服務活動，號召大批學生從事志願工作。在上次的地球日，她帶領一票學生到大鹽湖西邊的約旦河濱道進行大規模清理。他們從河岸邊拔掉大量蔓延的雜草，撿拾了一堆垃圾和好幾根污穢針頭，裝滿許多個垃圾袋。另一個週末裡，她則和一群人到一間長期收容所，為那些無家可歸的人刷洗走廊和浴室。

丹妮兒從小到大都在做慈善（大多數人會做志工都是家族傳統，就像遺傳基因一樣）。她記得母親帶著她去一美元商店買芭比娃娃（確切來說，是仿芭比娃娃的廉價品，因為她們只負擔得了這樣的商品），然後拿去當地收容所發放。唸高中時，她是輔導低年級的大學姐，照顧一個女孩從四年級直到畢業。「我熱愛我的志願工作；它給了我家庭和扶持的感覺。我屬於A型人格；我實在無法想像沒有志工服務的話，自己的生活會變成什麼模樣。」嗯，那會是什麼模樣呢？她回說：「我應該會有更多空閒時間。」那多出來的時間會想做些什麼呢？她想了一下說：「我還真的不知道呢！我現在做的就已經是我想做的事情！」

換句話說，對她而言，志願服務就是休閒、並非蠶食休閒的活動。對於丹妮兒這樣的人來說，他們並未有時間不夠用的念頭。像她認為，志願服務能讓時間變多、幸福感增強；所以說，週末肯定有辦法挪出空檔去做志工的。

不過，志工服務不見得非要持續不間斷地做，何況多數人都是只做過一次就不再做了。近來愈來愈多人參加「特定單一活動」的志工，就做那麼一百零一次，像地球日活動就很多人參加。如果你只能做到這一樣，就只做這一樣也無妨。

在每月的第三個星期六裡，舊金山潘漢德爾公園會吸引一群志工過來幫忙幾個小時。這條狹長綠化地帶位於嬉皮區旁，四周都是令人賞心悅目的舊金山風格公寓。據這次潘漢德爾公園志工活動的負責人戴爾表示，附近的房子雖然很漂亮，但這座公園一度給人不太好的印象（毒品殘渣亂丟、還有多處光禿的草皮）。他說：「我們的任務再簡單不過了：我們每個月聚集一次，攜手將公園改造得更漂亮，讓大家更喜歡來這裡。」

他和一票參與活動的鄰居和陌生人拿起耙子翻土，種下耐旱植物並修整籃球場。這是讓老鄰居閒聊近況、讓新來者彼此認識的一個社交活動。在潘漢德爾這樣一個多元的社區裡（舊金山這座城市本身亦是多樣性十足），這項公園活動讓人們跳脫自己的象牙塔。曾經有段時間，一小群正接受戒毒安置的四十多歲中年男子們跑來這裡，熱情加入他們的活動。戴爾說：「要不是這項活動，我們不會有機會認識或跟他們這樣的人交談。光是參加這項社區活動，你自然就會降低心防；而且，它讓我們的生活變得更加豐富。」

結果，戴爾也跟丹妮兒一樣，表現都優於常人：他是一名醫學研究人員，工作時間很長，但仍然有辦法撥空到另一個普西迪奧公園當志工（他表示那裡有他熱愛的「植物和動物」）；

而且他還是舊金山同性戀合唱團的成員，他不僅唱歌，還兼任董事一職。志願服務似乎有一就有二：做了一個以後讓他覺得時間變多，於是又做另一個來填補多出的時間。戴爾說：「對我而言，生活平衡感很重要，人生並非只有工作。每次當我看到志願工作的成果，我都有一種成就感。唱歌可以療癒心靈，但公園的活動則帶給我很大的樂趣。雖然還是得做些犧牲，像我現在週末不太可能說走就走，臨時跑去旅行或騎自行車，但對我來說，志願工作完全值得。它讓我樂在其中，所以我在週末只想要做志工。」

戴爾和丹妮兒顯然是上天派來的聖徒，好讓我們自慚形穢；不過，聖人之心其實並非志願服務的先決條件。調查顯示，大多數人做志工的動機都是為了某種形式的自我利益；他們或許無私利他，但這不是他們志願服務的唯一原因。有些人表示是為了工作經驗，有些則是為了本身的自我成長。這都無所謂，反正重點不在於「你為什麼做志工」，而在於「你願意花時間去做」。

從事深度休閒會產生持久的幸福感，包括當志工

除非等我孩子大一點以後，否則我不敢輕易承諾，更無法想像自己每個週末都去當志工。不過，我並不排斥偶一為之的志工活動。我其實很清楚，我的週末疲勞部分來自於一種不舒服的感受：明明有自己的時間，卻沒能妥善運用。每當星期天晚上週末即將結束之際，我會覺得

乏善可陳；只是勉強撐過忙碌的二天，總覺得時間不夠用。

多年來，我一直想要讓我的孩子知道，聖誕節不只是一個花錢的荒謬節日。換句話說，我想要給他們一個永生難忘的聖誕節。我聽說有個活動，可以讓家人聚在一起包裝禮物，送給低收入家庭。雖然我向來不太認同「得到更多東西可以改善貧困」的這種想法，不過，那項活動裡的受贈家庭是經由社會機構審查通過的，都有非滿足不可的需求，例如：新來的難民；失業人士；等待入學或重返校園的人；剛結束一段爛關係的女人……。總之，他們都是處於過度期的人。

就在十二月的某個星期六，我們開車去郊區。我十歲的女兒開心不已，她不僅是個天生的慈善家，也超愛包裝禮物的。當時她罹患嚴重的感冒，可是她為了這次活動已經期待好幾個星期，不肯留在家裡養病。我先生和兒子則是茫然不知所措，像我的丈夫就問：「那裡會有絲帶嗎？」我兒子則是一直碎碎念：「我不會包裝，我包得很爛欸！」

終於，我們到達一間超大且空曠的辦公場所，跟一群人坐在一塊聽取活動簡介。他們當中有些是一家人，有些是工作夥伴，還有一大群穿著罩衫的女性，看起來像是門諾派教徒。我們跟一對母女共用一張桌子，她們跟我們住在同一個城市，但是是一個我們從未去過的地區。

我們包裝第一批禮物的對象是個單親家庭：一個媽媽帶著三個年齡差距很大的孩子。我們的小組一起將捐贈的物品分門別類；當中雖然有玩具和遊戲，但大多數是實用性很高的物品

（看了真讓人心酸）。像在氣溫零度以下必備的雪衣和連指手套、湯鍋和平底鍋、牙膏等，這些物品全都是那些受助家庭在申請時特別要求的。

在我包裝禮物時，我思考著何謂「善行」。海地大地震後，破腳踏車和二手家用品等捐贈物資數以噸計地湧入海地，不僅佔用救災人員所需的寶貴機庫空間，還浪費志工的時間去處置它們。人們在危急時刻所需要、也是最重要的一件事，其實是機構的介入；他們要有能力決定購買哪些物品來取代人們所失去的東西。就像這些父母給出清單，寫下睡衣、黏合劑、肥皂和毛巾等所需物品。每個家庭還可以拿到一張一百美元的超市禮品卡，以及一棵裝飾好的塑膠聖誕樹。我知道我們這麼做無法根本解決貧困，但光是想像他們拆禮物的情景，也就心滿意足了：有些人的需求獲得滿足，有些人則獲得放鬆的感覺。

我們在那裡待了三個小時，一邊包裝，一邊跟同桌母女檔聊天。坦白說，那天下午我並未產生長期從事志工後會獲得的持久幸福感，即社會學家所謂的「深度休閒（serious leisure）」。研究人員發現，「志工旅行（Voluntourism）」（偶爾到偏遠地區做一次志願活動）對於心靈的幫助，似乎不如在自己社區伸出援手那麼持久。但週末就是這麼回事，你無法每次都創造出完美的體驗。在週末的四十八小時內，你的目標必須夠實際，得以在生活中實踐。不是每個人都能像戴爾和丹妮兒那樣生活；然而，假如我們能夠偶爾利用一點空檔去回饋社會，那麼我們的週末的確會感覺變長、變好。

那是一個非比尋常的星期六；那天活動結束時，就連我先生和兒子也感到十分興奮。每個人都認知到有一群陌生人急需我們的幫忙，進而體會到自己是多麼地幸福、富有。我們會記住這種感覺的；而且全家人也一致同意明年再來參加。

週末是性愛、也是性感的時間

有一些好聽且發人深省的歌曲都在講述週末的魔力，譬如莫里西那首輕快的低吟歌曲〈每天都像星期天〉，或是尼爾．楊由衷唱出的〈週末狂熱〉。但在多數情況下，週末在流行音樂裡扮演一個特定角色：性感的時間。一個週末相關的播放列表可能從凱蒂．佩芮的〈惡搞週末〉揭開序幕（裸泳和三人行的星期五晚上），接著是酷玩樂團給人紅玫瑰和蠟燭印象的〈週末之歌〉。或許再來一首球風火合唱團的慢歌〈週六夜晚〉（Saturday Nite）——這首歌實在太性感了，以致於沒人在意「夜晚（night）」一字拼錯的問題。

沒錯，週末相關的歌曲往往出現在通俗音樂、而且不那麼講究正確拼寫，但這些歌曲的確試圖真實反應人們對於週末兩個晚上狂歡的期待，不必再讓工作或義務佔滿。這樣的週末應該代表著盡情享受：緩慢地解開鈕扣？還是像在星期三晚上速戰速決，眼睛還不時要瞄向時鐘？這樣的週末是人們忍了五天才得來的機會，終於可以把全副心思放在某個特別的人身上。這句話最好由貝瑞．懷德（Barry White）來唸，他的嗓音最適合吟誦所有性感的週末。

但我們真的有善用大多數的週末嗎？在美國，有百分之十到二十的戀愛關係可以被描述為「無性關係」（意指伴侶之間的性愛次數每月少於一次，或是每年少於十次）。有些夫妻覺得這樣的生活無所謂，但研究表明，無性婚姻的當事者比較不快樂，而且更可能考慮離婚。相較之下，每週至少做愛一次的伴侶往往幸福感會增加。

然而，當我們倍感壓力、匆忙和疲憊的時候，性愛可能會淪為「待辦事項」清單上的一項任務。有一對英國治療師在部落格裡寫道，令他們驚訝的是，近來突然多出一堆病患抱怨自己只有口交的性生活。他們的病患多是以工作為中心的成功人士，他們將每週性愛次數不足歸因於長時間工作文化下的身心俱疲。他們的工作壓力已經蔓延到臥室，導致他們就是沒有心情做愛。

從理論上說，我們把性愛延遲到週末，是因為週末意味著遠離工作的自由時間。可是，假如我們永遠沒有不工作的時候呢？據英國倫敦的部落客兼記者辛西婭坦承，她的智慧型手機正在扼殺她的性生活。辛西婭和她手機的關係既是私人、也是工作上的，儘管這兩者可能很難區分。為了工作（抑或為了好玩？），她整天都掛在網上找尋故事來源，並更新她的新聞訂閱。為了好玩（抑或為了工作？），她會流連社交網站上，並且跟朋友傳訊息聊天。前陣子，她發現自己從醒來的那刻起、直到她上床那刻，都一直在用手機；就連晚飯時間也不例外，她先生和五歲孩子吃飯時，她則在一旁用手機寫東西。她說：「我一手拿著叉子，一手拿著手機。」

我問她什麼時候會關掉手機，她笑了笑說：「可能永遠不會吧！」

沒有智慧手機可用的想法讓辛西婭深感害怕，嚴重到她開始隨身攜帶行動電源。她說：「我擔心自己錯過什麼事情。」實際上，這就是心理學家所謂的一種網路強迫症：害怕錯過症（FOMO）。

不過，像辛西婭患有這種焦慮症的並非少數。據密蘇里大學的一項研究發現，許多人曾患有嚴重的「iPhone分離焦慮症」。他們先在研究參與者的手臂綁上測血壓的束帶，然後讓他們玩尋字遊戲。接著，研究人員將他們的iPhone拿走，聲稱手機會對血壓計造成「藍芽干擾」。沒有手機之後，受試者繼續玩第二組尋字遊戲，但同時他們的電話卻在隔壁房間響起。沒法接聽手機的他們，心跳和血壓都開始上升，而且尋字遊戲也玩得沒有剛才好；這表示智慧手機不在身邊時，真的會損害他們的認知能力。

研究人員寫道，重度使用手機的人會將他們的iPhone視為自我的延伸；一旦與它分離，便可能產生負面影響（亦即少了一部分的自我）。如果我們是因為覺得手機是自我的延伸，才把它們帶進臥室，這可以理解；然而，當我們這樣做的時候，不就等於對我們的另一半說「我的時間和注意力不在你身上，而是在別的地方」嗎？要知道，「臨在當下」是良好性關係的最重要條件。如果夫妻兩人共處一室，卻各看各的電子設備，那麼他們只是表面上在一塊，事實上卻是貌合神離。網路研究人員保羅．利維（Paul Levy）新創了一個完美字眼，用以形容夫妻身體在一塊、心思卻在各自電子設備上的這種現象：「可悲的滿足」。

辛西婭和丈夫躺在床上時，手機也放在身旁；甚至週末晚上在他們的兒子睡著後她也是這樣。這段時間應該是夫妻倆用來享受性愛的。對於這種情況，辛西婭倒是有一番客觀清晰的說法：「我躺在床上瀏覽應用程式和貼文，全神貫注在我閱讀的內容和圖片上面，以致於我有時會忘記自己身處在婚姻狀態中。至於孩子睡著之後的那段時間，我真應該用來跟我先生談天，甚至做做愛。我可以從他的肢體語言中感覺到，他知道我不想那麼做。他會試著和我聊天，或者想要更多，但我心不在焉。當我上網時，我彷彿處在自己一個人的世界裡。」

米雪兒．韋拿戴維斯（Michele Weiner-Davis）擔任性治療師工作已有三十多年。在位於科羅拉多州波德的辦公室裡，她為瀕臨離婚的夫妻檔開設週末的婚姻成長營。二〇〇三年間，她出版了一本暢銷書《搶救身陷性愛危機的夫妻》（*The Sex-Starved Marriage*），該書還獲得歐普拉的推薦。當時，接受多家媒體訪問的她，一遍又一遍地被問及導致感情破裂的頭號殺手。她回想當時自己是這麼回答的：「夫妻倆並未優先排序他們的時間；他們沒有劃出神聖的時間留給彼此。」她通常建議夫妻在忙碌一週之後，應該把週末當成性愛約會的時間；這樣的約會有助於恢復、進而強化親密關係。

十多年過去了，她發現目前病患的時間又變得更少了。「如今，就我所看到的，夫妻倆不見得只在週一至週五、朝九晚五工作。科技讓人更容易把家當成辦公室，所以他們要不是在工作，就是累到無法工作。無論是哪一種情況，夫妻兩人都無法善用週末。」

韋拿戴維斯形容她的患者「過著各自獨立但平行的生活」：他們放養孩子；分攤家事並交替出席活動；專注力減半。即使沒在工作，他們也在期待工作上門，不時瞥向電子設備，查看是否有人需要自己；在跟另一半相處時，他們從未全心臨在當下。在這種局面下，小怨小恨就開始累積，最後演變成憤怒。柴米油鹽取代了浪漫，削弱你和配偶之間當初緊密的連結。韋拿戴維斯建議，夫妻應該用處理工作時的同等高效率來共度週末。你覺得自己沒空做愛嗎？直接把它排進你的iCal日曆裡！與另一半做愛的約會排定之後就必須做到，就像排定的電話會議一樣，不容取消或更改。

如果親密關係已經出現警訊，那麼就別排定性愛約會，不妨先排定時間相聚就好了。治療師米拉．基森鮑姆（Mira Kirshenbaum）在其著作《週末婚姻》（*The Weekend Marriage*）裡指出，感情關係也適用墨菲定律，經她改編如下：「你們在一起的時間愈少，你們的關係就愈常出問題。」

我的鄰居琳賽和柯瑞是雙薪家庭，而且有三個孩子，但他們夫妻倆會一起跑步。有好幾次的星期六，我在街上看到他們並肩跑步，穿著一身酷炫的裝備，邊跑邊聊天。我實在很想對他們吼：「你們的小孩在哪？你們這對父母是怎麼當的？」這只是個玩笑，不過，我實在很想知道他們是如何辦到的。

當我們孩子還小時，朱利安和我單獨出現在眾人面前的機會少之又少，就像神隱作家沙林傑難得公開露面一樣。琳賽解答了我的疑惑，她說他們夫妻曾做出決定，等最大的小孩夠大，他們就把他放在家裡看電影，兩人手機放口袋就出門，而且絕不為此感到罪惡感。像他們這樣無敵用心在經營彼此的感情關係真令人羨慕，難怪每次看到琳賽和柯瑞時，他們總是一副曬恩愛的模樣，誰都看得出他們十分親密。

至於其他我認識的夫妻，則會互相協助，晚上外出時把孩子托給別的夫妻照顧。我喜歡這樣的解決方式：依靠別人幫忙，以保障夫妻倆共處的時間。維繫夫妻感情變成大家共同的價值觀，透過社群協力達成。

當我向朱利安遊說「約會夜」方案時，我提起基森鮑姆的改編版墨菲定律（好久沒有過「約會夜」，當時說到它，我還是滿難為情的，但現在已經習慣了）。之前有段期間，我們倆在平日晚上很少見到面，他在批改考卷而我要趕稿，於是在某個星期五晚上，我們排開了工作、預約了保姆，就出門約會去。我們跑去看戲，是個愛爾蘭的鬼故事，結束後再去餐廳吃晚飯。我們說好一個原則，當晚絕口不談孩子、家事或工作，兩人也都遵守了。在採納韋拿戴維斯的建議後，我們強迫自己跳脫習以為常的軌道。我們不僅討論剛才那部戲，我先生還跟我述說他在愛爾蘭發生過的事情，雖然我從未去過那裡。我喜歡我先生，但相處十年多下來，喜歡比愛還要難做到。提醒自己當初為何選擇這個人，像是對方詩意的見解以及敏銳的眼光等，這是需要時間和專注的。

不過，我們下次的約會夜可能會有不同的型態。看來週末空出時間一起上個啤酒釀造課是不錯的安排，不見得每次都要去同一間喜愛的餐廳。紐約州立大學的研究人員發現，夫妻倆若是一起參加新活動，婚姻滿意度會高於那些從事熟悉活動的伴侶。這是因為我們在嘗試新事物時，大腦會釋放多巴胺和去甲基腎上腺素，啟動大腦的獎勵機制。在戀愛初期熱烈追求階段裡，同樣的化學物質也在腦中大量釋放。因此，夫妻倆共同進行一項新的活動，可能有助於重現一開始墜入愛河的感覺。

韋拿戴維斯說，最糟糕的事情就是利用週末解決你們的感情問題。她建議那些時間很少的客戶說：「你們難得有時間面對面，千萬不要吵架。」相反地，每週在週間安排一次見面，談論兩人之間的問題，或是以透過電子郵件或傳字條的方式爭吵。她表示：「有時候暫緩表達自己的需要，可以給你一些空間，足以讓你遠離爭執。」

她的這項寶貴忠告著實讓我鬆了一口氣。對於如何利用和先生相聚的少數時光談我們的問題，我向來倍感壓力：或許某個星期六我們倆碰巧都在家裡，都坐在安靜的角落裡，孩子在別的地方自得其樂，正適合我們把問題攤開來談。像我就會想：「啊哈！是時候『逐一解決』本週的問題了！」現在我才理解到，這種追求生產力的衝動，其實部分來自對於休閒的深層焦慮：空閒時間必須善加利用，不可浪費。星期六的一小時空檔，就該全部用來改善促進婚姻的和諧。即便它是介於去乾洗店以及上瑜伽課之間的短短一小時。在一個工作至上的文化中，我們都具備將感情轉化為工作處理的卓越能力。

有些專家認為，最棒的是利用這一個小時做愛。但是，週末要是因為各種原因，像是單純地太累、太忙，或者沒有心情，而無法做愛呢？韋拿戴維斯也生不出時間給你（好吧，只有我）。對此，她借用耐吉的廣告詞建議患者：「做就對了！」反正先假裝樂在其中，最後就弄假成真了。

她說：「我認為感覺往往會誤導我們，於是我教人們要更加務實。如果你內心深處想要另一半給你更多激情、更好的互動，或者更多的友誼，那麼你必須做出相應的行為，就算你沒有感覺也要去做。總之，你的行為必須跟你的價值觀保持一致。」

這聽起來有點像是上帝的指令，但事實上，正是如此。猶太聖典《塔木德》主張，週五晚上夫妻做愛是上帝的旨意（外加一個非常酷的戒律：女人必須先到達高潮）。對於做愛次數偏低的伴侶來說，將每週至少一次性愛視為神聖的承諾，是拯救兩人關係的一種完美策略，就算你不太信教也適用（承諾不見得是對上帝，而是對婚姻）。你們不用擔心彼此的慾望程度不匹配，也不需將自己的需求強加給不太熱衷性事的另一半。

多倫多的雜誌編輯潔絲和她的學者丈夫在他們孩子還小的時候，就開始這樣做了。在給我的電子郵件裡，她談到夫妻倆每週五晚上做愛的協議：「如果你沒有刻意為對方騰出時間，你可能會因為日常生活裡的芝麻綠豆小事，就忽略如此重要的事情。我想我們從過去經驗中學到，如果你總是筋疲力盡——有小小孩的父母一直都很累，那麼你必須跟你的另一半好好商量，確保兩人預留做愛的時間。星期五晚上恰好是我們絕對不會工作、或是狂看電視的夜晚，所以它成了我倆幹那檔子事的完美之夜。我們現在已經沒有每週一次的固定約會，但是我們從那時候開始就知道，性愛需要事先計畫的，而不是癡癡等著浪漫喜劇裡天雷勾動地火的性愛場景出現。」如果每週五晚上都是性愛之夜，那麼週末就會由增進感情的一項行為展開序幕。

某天晚上當辛西婭躺在床上看手機時，她先生看著她問了兩個問題：「我算什麼呢？我們有家庭時間嗎？」這雖然不是一場嚴重的大發作，卻是個警訊。這並非她想要的感情關係、也不是她想要的生活。

於是，她把手機放進了抽屜。如今，她只安排特定時間查看電子郵件。週末跟家人在一起的時候，她會把手機放在包包裡，盡量不拿出來。她不再把電子設備帶進臥室，她的性生活也隨之大幅改善。但她坦承，要保有兩人的神聖時刻是一場持續不斷的抗爭；畢竟有太多的力量把我們扯離真正重要的感情關係。總之，保障週末我們跟伴侶的性愛，是針對這些力量的第一線攻擊。

——第四章——

你的週末是在追劇、血拼、吃早午餐，還是運動？

之前，我跟一個紐約的朋友提到：在瑞典的某些地區裡，人們有三天的週末。我朋友是那種標準的紐約成功人士，自己經營一間公司，每天工作十個小時，同時還撫養兩個孩子；而且她的頭髮總是梳得漂漂亮亮，瀏海還特別吹得高高的，就像鳥展開的翅膀（實際上看起來超美的，但不是隨便任何人都能做出這樣的造型，所以你們也別費心嘗試了）。她聽完之後，挑著一邊的眉毛說：「可是休這麼多天要用來做什麼？」

我聽完一時語塞，但後來我嘗試回答，只是缺乏說服力：「用來看書？不然看Netflix？」我們得認真思考一個問題：假如我們能夠保障週末的四十八小時（或是部分時間），那麼接下來呢？我們要如何度過工作以外的這些時間，不光是轉移焦點、忙一些有的沒有的事情，而是好好善用它們？當我們發現自己不知如何回答這個問題，恰好證明了享受娛樂的能力就如肌肉需要鍛鍊；一旦缺乏使用，就會疲軟不振。說實在，我們似乎並不擅長休閒。根據勞工統計局的調查，週末清醒時最常做的活動是看電視。此外，我們週末的開銷也比較多。難道我們的週末就只有看電視和買東西？沒有別的了嗎？

於是，我決定打電話到瑞典。我知道大家常耳聞斯堪地那維亞國家的一堆優點，聽都聽膩了，例如：瑞典是全世界最幸福的國家之一；上大學免費；夏天的陽光一天長達二十個小時……。總之，聽說那裡什麼都好。每次我去鞋店試穿靴子、我女兒在一旁抱怨時，我總會想起瑞典某些鞋店提供托兒的服務。當然，瑞典還是有缺點的：稅負高、餐點很腥，而且貧富差距愈來愈大。不過，至少瑞典已經邁向三天的週末。它究竟是怎麼實行的呢？

我給一位在斯德哥爾摩市中心工作、名叫艾美提絲的女生打了電話；她任職於一間為精神病患提供支援服務的機構，每週工作四天。我問她三天週末都做些什麼；但她似乎覺得我的問題很奇怪。於是，她用流利英語回問我：「呃，妳說的『做』是什麼意思？」（我只是想要知道細節呀！大姐。）所以她一五一十跟我交代了整個週末，就像跟一個幼幼班孩童解釋一星期有哪些天。

「我們有一個避暑別墅，很多瑞典人都有避暑別墅。」（真是讓人嫉妒又印象深刻呀！）「我會在週四下午搭火車過去。到了冬天，如果我沒去別墅的話，我會在星期五上三、四個小時的陶藝課。星期六或星期天時，我可能會跟朋友去咖啡店或是長距離散步。我盡可能不在週末煮飯或打掃，因為這些事不有趣。如果只是簡單按個按鈕，我會願意洗衣服。」她坦承，每週工作四天有個顯而易見的缺點，就是錢賺得比以前少。但是，她賺的錢已經足夠讓她過上還算不錯的週末。錢變少是和時間權衡的結果，畢竟是她選擇了時間。

古希臘人把休閒視為人生最高的價值，工作則是最低的。「休閒」（leisure）一詞來自拉丁文的 licere，意思是「獲得允許」。這種允許的觀念深植於自由時間裡，這段分派得來的時間是用來追求精神、知識，甚至啟蒙的。當然，古希臘並非所有社會階層的人都有休閒活動，上流社會的人坐著思考宇宙，奴隸則站在一旁（據推測，他們是在稀釋葡萄酒）。對我們這些介於奴隸和CEO之間的人（即領薪水的上班族）來說，良好的週末可以打破工作形成的一週連續體。正如一九二六年《國家》雜誌裡的一篇社論所言，自由時間是從賺錢導向的工作週徹底劃分出來的獨立區塊：「休閒意味著自由、不需花錢的時間；休閒活動不是出自於經濟考量，而是內心的衝動。休閒意味著免費的玩樂，我們聽從欲望，而非必要性。」

但是對於我紐約朋友那樣總是在工作、並樂在工作的人來說，很難分清楚欲望和必要性。我們的工作自我會對私人自我說，要關掉欲望之火、啟動必要性很難；不如就結合工作和玩樂，讓兩者同時燃燒。

嚴肅的休閒V.S.輕鬆的休閒

英國哲學家伯特蘭·羅素（Bertrand Russell）認為，過度的工作會掩蓋住樂趣，讓人難以辨識，看不清它真實的模樣。第一次世界大戰後，他為文寫道，為了穩定經濟，英國工人在戰爭期間的每日工時縮短。羅素預言這將成為新的常態，戰後仍會延續這種短暫的工作日，進而開啟一個新時代，人們工作和生活的型態將從此徹底改變。

但出乎他意料的是，戰爭一結束後，正常的工作日和工作週又再度成為常態。在凱恩斯發表那篇知名文章後的兩年，羅素也開始懷疑勞工是否喪失了休閒的能力。

這麼說吧！雖然有一些休閒時間的確是挺令人開心的，但如果二十四小時當中只有四小時需要工作，那麼人們就不知如何填補多出來的時間。在當今世界裡，這是個不爭的事實，一切都得怪現代的文明，這在以前任何一個時代都不會如此。原本人們有著輕鬆玩樂的能力，如今，它們在某種程度上因崇尚效率而遭到抑制……。都市人口的樂趣大多變成被動：看電影、看足球比賽、收聽廣播等等。這是因為他們主動積極的能量全被工作吸光；假如他們有更多的休閒時間，他們就能再次享受到主動積極參與的樂趣。

羅素認為，在一個工作至上的世界裡，週末時人們已經沒剩下多少能量，只能從事最溫和、最輕鬆的休閒活動。他說的不就是Netflix嗎？

卡爾加里大學社會學教授羅伯特．斯特賓斯（Robert Stebbins）將休閒的定義分成兩大類：嚴肅和輕鬆。嚴肅的休閒追求提供了更深層的滿足感，即「自我實現」（一九七〇年代的流行語又回來了）。從事這類的休閒需要定期全心認真學習它們的技巧，譬如理髮師四重唱式的無伴奏合唱、集郵等。嚴肅的休閒就是一次又一次花時間練習，朝向專業的領域努力，即便它們只是業餘的。相對地說，輕鬆的休閒只是曇花一現，當下就能滿足自己，但往往是被動，這也正是羅素所不樂見的。看體育賽事和狂看電視都屬於此一類別；就連常見的大型教會也屬於這種休閒：參與者坐在體育場觀眾席上，拿著一小張經文做禮拜，其娛樂意味可說是甚於宗教性質。

羅素對於輕鬆休閒的負面看法，與我們對它們的直覺看法是一樣的；所以我們的父母才會忍不住說出「把電視關掉，到外面去玩！」（現代父母則改說「一次只能玩一樣電子用品！」）然而，過去一百年來，輕鬆休閒向來是我們的休閒主流。在二十世紀的前三分之一時期，體育場陸續建成，報紙開始設置體育版，專門報導球隊近況和比賽結果。

不久之後，「過度放縱的娛樂旁觀者」（spectatoritis）一詞就應運而生。在一九一五年出版的《基督教與娛樂》一書裡，作者嗅到這樣的一個現象：「到處都出現了嚴重的病例，徹底遭到感染，粉絲的生活只有追星這件事。他們就是平凡老百姓，一身鬆弛的肥肉，寄生在球賽上面，運動細胞超差、從未自己下場比賽過，只是個旁觀的獵人，並非運動員。」

但是主動和被動娛樂之間的界線並非每次都能清楚劃分，超級粉絲的肥胖鬆垮的身材縱然讓人看不下去，我們還是不應忽視觀看這些賽事的最大優點：共享體驗。隨著二十世紀城市的蓬勃發展，一種新的娛樂文化應運而生，令人們跨越種族階級的界限聚集在一塊。在社交歷史書《走出去：公共娛樂的興衰史》裡，美國歷史學家大衛・那索（David Nasaw）描述豪華電影院、遊樂園和市區棒球場等娛樂場所如雨後春筍般紛紛湧現。

拜電力發明所賜，這些迷人的公共場所到了晚上紛紛亮起燈光，如同吸引飛蛾般地誘惑人們走出家門。這些週末夜的確造就出「過度放縱的娛樂旁觀者」，但不可諱言地，它們也是一種新興的社交活動。在這些公共場所裡，永遠不可能共聚一堂的人們卻聚集在一塊聊天和互動。

那索寫道：「跟同鄉聚會所、工會集會大廳、酒吧、社區教堂、家中前廊、客廳和廚房不同的是，在這些新興娛樂中心裡，你不認識的人遠多於你認識的朋友。」這些聚會之所以發生，部分是因為十九世紀進入二十世紀之際，城市勞工的收入變高，空閒時間也變多了。度假和週末假期是劃分舊維多利亞時代與新時代（農民階級進城工作）的分界線；新崛起的美國都會人士晚上會外出尋樂，週末會狂歡，而且是跟一群人一起。

近兩百年歷史的車尾趴

若說週末娛樂經常是被動旁觀與更主動、更多社交休閒的組合，那麼「車尾趴[1]」可算是最經典的例子了。

第一場車尾趴是在一八六一年、南北戰爭時期，於維吉尼亞州舉辦的。在「牛奔河之役」期間，連同當地居民、政府官員和媒體在內的好幾百人架起桌子，擺上食物和葡萄酒開起了野餐趴，派對結束後再回去繼續觀戰（雖說當天北聯邦軍撤退，他們最後還是打贏了戰事）。那天

1 tailgate party。有些五門的車子除了四個車門之外，車後（tail）還有一個可掀式的門（gate），稱為 tailgate。車尾趴就是先在車上準備好各種食物、飲料等，等車子開到目的地後，後門一掀，就成了現成的桌子，再擺上幾張椅子，就可以野餐了。

正好是星期日。

而今日的車尾趴也多半在週末舉行：美式足球迷在體育場附近的停車場聚會，只是現場少了大砲。住在德州達拉斯的亞曼達說：「這是個超級社交的活動，大家聚在一起支持自己的球隊。」

亞曼達在推特上描述自己「全身流淌著橘色的血」，因為橘色是「長角牛隊的代表色，也是她母校德州大學奧斯汀分校的美式足球隊。足球是她成長過程中不可或缺的活動。她在奧斯汀附近的聖馬科斯唸高中時，到了星期五晚上只有一種行程：在學校參加賽前動員會，然後回家吃飯，再回到學校觀看足球比賽。「我記得自己還是青少年時，有次星期五晚上我到一家餐廳吃飯，環顧四周並想著：『在這間餐廳用餐的客人裡，應該沒有人今晚不會去看足球比賽吧？』至今我對那個念頭還記憶猶新。」

幾十年後，在足球賽季期間，亞曼達幾乎每個週末都跟先生和兩個十歲初頭的兒子從休士頓開三個半小時的車到奧斯汀，回她的母校看比賽。

比賽前幾個小時，他們常會開起車尾趴。這也是每年有將近七千萬的美國人同樣會做的事情。在體育場外，球迷們舖上帆布、組好桌子，打開連接發電機的電視機，觀看其他比賽。

更大型的派對則會花更多錢，通常有啤酒贊助商或餐飲業者加入。派對裡也有些與足球無關的活動，像亞曼達的孩子喜歡玩「沙包洞遊戲」（簡單來說，就是「丟沙包」）。通常會有人帶足球來，並且把音響開得震天響。在更高檔的車尾趴裡，球迷們會營造生活空間，在車子周圍空間架設臥室和休息間。聖母大學行銷學教授暨文化人類學家約翰・雪利（John Sherry）稱這種在公共場合重現溫暖家庭空間的現象為「維斯塔慶典」，以紀念守護爐灶和家庭的羅馬女神維斯塔。

亞曼達說：「這就是同袍情誼。我們談球隊，也暢談別的事情；我們還會聊自己的生活。」車尾趴給予人們一個與朋友和家人連結的機會；對於亞曼達來說，足球是有感情、而且懷舊的，讓她回想起童年與父親一同觀看比賽的美好記憶。

當然，車尾趴和其他類似的運動狂熱活動難免給人負面印象，認為它們不過是格鬥士正式出場前、煽動群眾的伎倆。對此，雪利不以為然，他認為車尾趴並非狂飲啤酒的激情慶典。他以為，這類的派對比較像是豐年祭，在冬季來臨、眾人無法正常聚會之前，好好慶祝夏末的豐收。

雪利說，在被動的足球觀看體驗裡，車尾趴還注入了某些共同且充滿活力的元素；事實上，球迷本身為球隊賦予了意義，共同營造球隊的形象。而且，最主要的是，它還有助於社群的建立。在《連線》雜誌的訪問裡，雪利表示：「人們已經在同一個地方舉辦車尾趴好多年，歷經了好幾個世代，他們從中結識萍水相逢的陌生人，隨後成為朋友、甚至家人。」

對亞曼達來說，足球是返鄉探親。她母親目前仍住在奧斯汀，所以她和家人會盡可能在週末去看足球。她表示：「這是我所知道的唯一度過週末的方式。」

休息？沒空啦！追劇?!有空有空！

到了「過度放縱週末」的時代後，這種共同體驗的娛樂卻出現一種扭曲的新形態。這種新的娛樂模式是馬拉松式的，而這種馬拉松卻是一種單人的作為。

近年來電玩產業的龐大商機，已經遠遠超過電影和音樂產業；這不禁令人聯想到居住地下室的蘑菇男人（可以想見，大多數應該是男人）：長期不見天日、也沒有生活可言，成天戴著耳機互相射擊。不過，電玩遊戲並不全都是被動的娛樂形式。死忠遊戲玩家的另一半或許會抱怨自己成了電玩寡婦或鰥夫；但有趣的是，根據網路研究人員證實，如果夫妻雙方都一起玩雙打遊戲，那麼電玩其實可能有益於婚姻，這等於是一種強化版的共享娛樂。

再說，多數遊戲都是互動式的，而且是跟其他玩家一起參與，即使彼此的連結是透過網路遠端連線的。相較於一個世紀前的娛樂活動，電玩遊戲（無論是APP或是線上遊戲）不同之處在於它們與時間的關係：電玩遊戲不必結束。每本書都有最後一章、每場棒球比賽都有最後一局；但打電玩遊戲時，你的生命值極有可能永遠不會歸零。由於它們永不結束的特性，電玩遊戲可能無形當中就蠶食掉一個人的週末，甚至人生。

當然，以前人們針對電視也有過許多相似的評論，說它是讓人智商變低的「傻瓜映像管」。正如尼爾．波斯曼（Neil Postman）於一九八五年提出的警告：我們正在「娛樂至死」。我認為，狂看電視比我們以前數十年來狂聽廣播的情況還更糟糕。它不但更加被動，還會不斷偷走我們的白天和黑夜，我們卻絲毫感覺不到時間的流逝。如果你坐在電視或電腦前觀看每一季的《法庭女王》，其他什麼事都不做，就要花掉你整整三天的時間。要是觀看完整七季的《白宮風雲》，則會蠶食掉你整整五天的人生。再說，久坐還會對生理造成影響，包括行動遲緩和體重增加。

況且，狂看電視還會把你變成一個混蛋。我之前在追《幸福谷》這部英國連續劇，主角是約克郡某毒品泛濫小鎮裡的一名女警。我花了整整五天看完八集，其中還包括一個週末，我整個人、整個心神全都沉浸在劇情當中。當我小孩沒有早點上床睡覺、好讓我回去追劇的時候，我就會責罵他們。我甚至裝病不跟家人去吃早午餐，故意營造出碰巧可以看電視的機會：「我只需待在一個涼爽陰暗的地方（如地下室），躺在某個舒適的家具（如沙發）上，剛好它對面就有一台……嗯，怎麼說呢？一台電視吧？」這真的很卑劣，不過還是結束了（這跟上癮不一樣）。但在接下來那一週裡，我都在為自己跟那名傲慢自大的倫敦東區警察局長結束單方面關係而哀悼不已。

在一項針對狂看電視的研究測試裡，受測者聲稱自己在看完最後一季連續劇後，會感到沮喪。投入大量時間的你會得到什麼樣的回報呢？那些曾經常跟你出去的朋友不再理你。從好的方向想，《幸福谷》真的很好看。在當今電視的黃金時代裡，電視節目不再像以前不費腦力，人們很容易沉迷劇情當中，一下子六個小時就過去了。一九七〇年代時，星期六我可以一整天連續觀看《脫線家族》、《愛之船》、《歡樂時光》和《神祕島》，這都是電視台特別安排讓觀眾看個過癮的大放送。

借用伯特蘭．羅素的話來說就是：一個只有被動娛樂的週末，是白白浪費的週末。當然，我們偶爾都需要滿足自己的欲望，去看一場多倫多藍鳥隊的棒球比賽，或是看一整季的《波特蘭迪亞》。無法否認地，做為一名旁觀者，能夠得到一瞬即逝的快感，讓整個人振奮起來。

然而，過多的被動休閒只會危及本來就已經匱乏的臨在感。過多的被動休閒是一種唯我獨尊，缺乏與他人之間的接觸（跟別人共享一個空間），而後者正是建立社群不可或缺的元素。

隻身一人的追求可能帶來孤獨感，但我們今日的生活卻大多設計來體驗孤獨，這是前所未有的。感覺上，科技正在一點一滴把我們推向符合自身審美觀的洞穴。在那裡面只存在我們感興趣的事物、聆聽自己專屬的音樂、閱讀我們手機推薦的文章，我們全然是透過本身唯一的鏡頭去觀察世界。我們已經固化自己的社交習性和品味，確立自己想做的事和經驗，一切都沒有再延展的必要。此時不妨聽從專家的建議：盡情放縱吧！選幾個你非看不可的節目，但不要通宵追劇。

「害怕錯過電視節目症」（FOMOTV）肯定會偷走你的週末；確保你好好吃頓飯之後再來

觀看，而且別在臨睡前看（這可能會干擾睡眠）。最好找人陪你一起看，邊看邊聊天（沒錯，就是聊天！）。把被動娛樂變得更加社交化的話，你的週末就會過得更好。

週末就是要血拼啊！不然要幹嘛？

在紐澤西州博根郡裡，購物中心多如繁星。隔著喬治．華盛頓大橋與曼哈頓相望的帕拉默斯市裡，就有三條高速公路將購物者帶到購物中心：而且還不只一家，而是好幾個毗鄰的帶狀購物中心，全部加起來大約有二萬六千間的商店。

這裡有些是低價的折扣商店，有些則是像「韋斯菲爾德公園廣場購物中心」這種只賣高檔貨的商家。等你在一萬一千個停車位中停好車子之後，就可以外帶一杯Shake shake的奶昔去逛Apple、Gucci和「時尚寵物精品店」。每天有六萬人來這裡逛街，不僅是過個橋就到的紐約人，還有魁北克人、賓州人以及東紐澤西州的多數居民，大家都對這個低稅購物天堂趨之若鶩。

每逢星期六，交通阻塞便是此處的噩夢，車子以令人難以忍受的龜速前進。本來十五分鐘的車程，變成了兩個小時，困在車子裡動也不動，就跟和尚坐禪一樣。就曾有對夫婦跟當地的媒體抱怨，說他們在聖誕節後的大折扣期間來逛街，光是開車離開室內停車場，就花了四個小時。

但到了星期天，這裡全都關門了。購物中心不營業，整個停車場空空蕩蕩的。在購物中心密集的四號公路上開車時，兩旁會經過一個又一個空無一車的停車場，彷彿有人剛發布了撤離令，給人一種世界末日後的不安感覺。這種形同置身月球的空曠景象，偶爾會出現一、二個學開車的青少年，緩慢行駛在停車位之間，練習轉彎的技巧。

住在紐澤西州里奇伍德的蘿絲就是在這些停車場裡教她兩個孩子開車的。五十多歲的她曾是加拿大奢侈品百貨HR的員工，如今在Lord&Taylor的男裝部門工作。她兒子在「百思買」工作，她就讀大學的女兒則在一間連鎖麵包店工作。

博根郡是紐澤西州最富裕的地區之一，但也有許多居民在零售業工作。零售之於博根郡，就形同釣魚之於緬因州。一九八〇年代末，蘿絲搬離土生土長的布朗克斯區，跟先生搬到里奇伍德，不過她先生沒多久後就去世了。鵝卵石鋪建的市中心街道，以及綠樹成蔭的庭院，讓里奇伍德看似一個建立家庭的好地方。但在搬到新家後的第一個週末，當她發現自己搬到一個仍舊遵從「週日禁令」的地區，即安息日禁止多數買賣的清教徒餘孽思想，這讓從小在紐約長大的她驚訝不已。

在博根郡，由於其他六天的購物量過於龐大，感覺上星期天好像也該跟進。她回憶道：「我當時的感覺就是：明明我家門前就有一個購物聖地，買衣服不用上稅，你卻告訴我星期天不能買東西？可是，不出一、二個星期，我就明白這是多麼棒的一件事呀！」

十誡中的第四誡說：「當紀念安息日，守為聖日。」清教徒更是白紙黑字寫下罰則：星期天，若有誰太早或太晚去教會、或是「騎的馬匹太過招搖」，都會受到懲罰。正如康乃狄克州一八六九年頒定的一條法令，就曾明文規定：「女人不得在安息日親吻她的孩子。」這些要求人們遵守安息日的規則印在藍色紙張，因而被稱為「藍色禁令」。（有些學者對此解釋表示懷疑，堅稱它之所以用「藍色」跟紙張無關，而是因為十八世紀「藍色」一詞本身就有「刻板道德」的貶義意味）。

一八五四年，紐澤西州頒布了嚴格的週日禁令：「在基督教安息日，不得旅行、不得從事世俗工作或營業、不得在草坪或水上進行一般或奴隸工作（除非是慈善或非做不可的工作）。」一九五七年，博根郡成為全美最大的購物中心集散地後，州立法機關賦予各郡修訂或廢除週日禁令的權利。然而，小型商家業者想要阻止顧客流失到大型購物中心去，就與教會（喜歡安息日）和當地居民（討厭車多）聯手抵制週日營業。於是，博根郡成了紐澤西州唯一拒絕廢除週日禁令的郡。

隨著全美其他地區逐漸放寬週日購物禁令，這裡依舊維持完好無損的法令。美國並沒有別的郡禁止星期天購物（有些市鎮是自行決定的），這意味著博根郡存在一個有趣的矛盾：一個徹底滿足我們物質欲望的人造天堂，卻有著極力反對購物的清教徒老派作風。

在帕拉默斯市，法令還更加嚴格。每隔幾年，總會有新手政客和商界人士抱怨不已，並舉辦藍色法律公投，努力要把這個超級二十一世紀的現代地區，在週日也變成二十一世紀。不過，公投結果總是讓他們大失所望。

蘿絲說：「他們永遠贏不了的；這裡的生活品質實在太好了。」正如蘿絲所描述的，週日的里奇伍德就是故事書裡完美的美國形象。少了汽車轟鳴作響的噪音後，這兒讓人特別感到寧靜。人們在街上散步，去公園裡打棒球、踢足球；河中央可能會看到划船隊在練習。餐廳是營業的，許多人會來排隊吃早午餐（餐館員工週日是不休息的）。

蘿絲兒子在那些空曠的商場停車場上認識了其他的汽車愛好者；他們會聚在一起喝咖啡，彼此秀自己的車子。（就連平淡無奇的停車場也可以變成多用途的社群聚會場地，這說明了我們群聚的原始需求。當我跟蘿絲提到這點時，她還補充了一項原因：「人們在這裡賺了很多錢，而且博根郡大多數的小孩，只要滿十六歲就有自己的車子。」）

每個星期天早上，蘿絲都會去教堂。「星期天有洗禮和婚禮可以參加；沒有其他地方像這裡一樣，能夠讓我同時在零售業工作，又規劃自己週末的。」

由於星期天沒法購物，她變得更少逛街，也更加聰明購物。如果她需要買東西的話，她會事先計劃好，並利用另外六天去採買。在里奇伍德生活後，她的休閒清單裡不再出現逛街購物：她幾乎從來不為了消遣而去逛街。也許因為她住的地方和工作都跟購物有關，才讓購物失去了吸引力。就像我一位朋友在教幼幼班，她就曾問過我：「如果我星期天去妳家的話，妳的小孩可不可以不要待在家裡？」

蘿絲經常在一個名為「我們支持紐澤西州博根郡週日禁令」的臉書專頁上發言。設立該專頁的是馬提斯，目前住在帕拉默斯市。二十出頭的他從事市場營銷招聘的工作，但是他之前曾在博根郡的購物中心工作了六年，在一些知名名牌店賣童裝、女裝、家居用品等。你想得到的東西，馬提斯都賣過。

從事零售業的他對於星期天休息一事心懷感恩，這是他可以探望家人、也是可以專心唸書的日子。發起「帕拉默斯市週日不購物」活動是他的嗜好之一；而且有趣的是，他經常在星期天寫電子郵件給市政府高層，表達他反對週日購物的主張。他已經和市長見過面，並曾寫信給新購物中心開發商說明反對理由。他滔滔不絕地為週日禁令辯護，並提出有力證據：儘管博根郡星期天不營業，它依舊是全美年度零售額排名第一的郡。況且，大多數的商店都營業到晚上九點半，所以工作時間長的人在平日也有足夠時間去購物。

事實上，幾乎沒有證據顯示，週日不營業會對經濟造成負面的影響。二〇一五年，匈牙利明令禁止週日購物，但整體的零售額依舊保持穩定，並未造成大規模的裁員或倒閉。商店業者之前所擔心的利潤受損問題，後來根本沒發生過。週日禁令實際上並沒有讓人們減少購物，可能只是鼓勵消費者分攤到週一至週六購物，或者利用週六一整天購足所有物品。

馬提斯星期天也上教堂，但宗教並非他努力保護星期天休息的原因。他說：「如果你用宗教規章來包裝它，那麼它就成了排他性，或許還觸犯法律。況且，不光是基督徒需要休息一天，猶太人和穆斯林也需要，他們也同樣支持週日禁令。」

在跟馬提斯聊天之際，我發現他是瑞典人，這對於研究休閒的人來說是非常興奮的。二〇〇七年，十六歲的他隨家人搬到帕拉默斯。顯然，他對購物的態度源自於他在瑞典的成長背景。唉，但他隨後就戳破我的完美假設。

他說：「斯德哥爾摩很乾淨，但也很無聊；下午兩點天就黑了。」那星期天呢？「他們喜歡購物。那裡新開了一間大型的斯堪地那維亞購物中心，從早上十點營業到晚上八點，即使星期天也不例外。它比美國更像美國。」我聽完之後一時難以置信，甚至出現一個可怕的想法：瑞典人之所以努力爭取三天長的週末，是為了有更多的時間購物。然後他補充道（似乎是為了讓我心裡好過一些）：「但你知道嗎？瑞典還有五個星期的給薪假。」

博根郡與其他城鎮不同之處在於休閒並非需要調解的議題；是由於當地居民為了保障生活品質、努力爭取週末不購物的法令，才使得商家不得不妥協。

馬提斯說：「人們會去動物園，也可能去滑雪。但實際上，週日的博根郡沒有什麼事情可做；這正是我喜歡它的地方。我們大家可以一起無所事事；這才是週末的精髓所在呀！」

有些週末購物的確必要；對於那些週一到週五要上班的人來說，週末是補充食材和生活必需品的時候。但在購物中心的購物往往並非緊急，而是休閒消遣。（那件印著醬油瓶圖案的

UrbanOutfitter短版T恤真的是生活必需品嗎？）在世界各地，購物已成為最常見的休閒活動之一。

與我家一街之隔的中國城，每到星期五晚上，就有一大群人在那裡搭乘遊覽車去郊區購物中心，隔日逛上一整天，把它當作是週末購物「充電營」。世界各地的旅遊局還經常優先推廣當地的購物中心，探訪歷史古蹟和自然美景的行程反倒成了其次。如今，購物和文化被視為同樣等級的休閒消遣，這一點從「博物館購物中心」的興起就可以看出來：伊利維爾廣場購物中心裡的克利夫蘭匈牙利博物館就是一例。

週末花錢購物算是個一個相當新的現象，它跟婦女解放有關——也跟她們膀胱的解放有關。在《快樂購物》（*Shopping for Pleasure*）一書裡，加州大學聖塔芭芭拉分校歷史系教授埃里卡・拉帕珀特（Erika Rappaport）就指出維多利亞時期與愛德華時期的倫敦女性在生活方式上的轉變。在那之前，倫敦西區市中心的公共場所大多是女性不會涉足的商業區和娛樂區。只有上流階層的女性才擁有社交生活，自由穿梭在商店和街道之間。然而，她們不能逗留太長時間：因為外面沒有女性的洗手間，購物一整天不上廁所會讓人吃不消的。那些女人縱然可以外出，卻不受餐廳的歡迎，她們也只好脹著膀胱、扁著肚子回家去。曾有一位勞工階層的母親對女兒說，女人購物是不可能的：「要不就不能出門，不然就是出了門也不能『出恭』。」

在一八七〇年代，一項將女性洗手間帶進商店的運動成功了，隨後很快又出現喫茶店和女性俱樂部。這些場所設立的目的，是為了讓那些上流社會的有錢女人可以在商店內或附近盡情購物。塞爾福里奇百貨甚至還設置了燈光柔和的讀寫室；從此，購物變成了一種愉快的消遣。而女人，也終於能夠外出，更進一步走向男女參與平權的社會。

關於購物的真諦

不管怎樣，那次的社會進步直接造就了日後的購物中心。室內購物中心是社會主義建築師維克多．格魯恩（Victor Gruen）於一九五〇年代誕生的一個夢想；出生於維也納的他，夢想著在美國郊區蓋一個希臘式中央廣場：一個讓當地居民得以流通商品與想法的市集。我們這些成長於一九八〇年代購物中心蓬勃發展時期的人，雖然沒有體驗過那樣的情景，因為大家只想喝 Orange Julius 冰沙，不想聊民主的話題，但購物中心確實塑造了我們青少年時期的週末。

在我十三、四歲的時候，數不清有多少小時（日子）在溫哥華市中心太平洋購物中心的玻璃帷幕下度過。我們會成群結隊跑去那裡，那是一種無拘無束的感覺，至今我仍懷念不已：那裡沒有父母、沒有高中校規的束縛；也不受天氣和自然光線的影響。在購物中心裡沒人認識我們，是讓我們大秀自己的舞台。

複雜的社交儀式獲得編碼：購物中心讓我學會哪些電影值得看、哪些店很酷（「麗裳都」！），哪些店爛到爆（還是「麗裳都」，因為事隔一週看法變了）。我們會一起去吃速食、買廉價衣服和鍾愛的唱片。然而，大多時候，我們去那裡只是為了相聚，一起待在某個中立場所，因為似乎從來沒有一個地方能讓青少年無所事事地待著。即使這裡到處在鼓勵消費，它感覺還是很像一個公共廣場，只不過植物是塑膠製的，空氣是循環的。但我們並不介意！

如今，郊區的室內購物中心變成企業的錢坑，隨著客人流失，商店也紛紛撤離。因此，我們這一代的懷舊情緒激起了網路上對於閒置「死寂商場」照片搜尋的興趣。老式的零售商場因為建築過剩和電子商務而被迫歇業，但它們生意變差主要是因為貧富差距變大。像帕拉默斯這類高端的購物中心，生意還算不錯，但是中產階級商場則隨著中產階級的沒落一起消失。像沃爾瑪和塔吉特這類低價大賣場，因為不必花太多錢在房租成本，才能存活下來。

此外，現在的青少年也比較不愛去購物中心。不僅是因為孩子們大多利用電子設備與別人社交，還因為美國有許多購物中心在週末實行「父母隨行政策」。若是一群青少年於星期五聚集在購物中心裡，很可能會遭到商場警察的驅趕。這種令人尷尬的做法，似乎是想他們都趕回家去。

然而，格魯恩的夢想並未完全遭人遺忘。一些死寂商場正以其他用途重新啟用，它們巨大空曠的空間搖身一變成了醫院、教堂和大學。在溫哥華，一座我以前經常鬼混的商場——橡樹嶺購物中心，目前正重新改建成一座全新的城市。公園外圍會建幾棟住宅大樓，還有一些社區居民免費使用的場所，如太極亭和兒童親水樂園。購物依舊是這裡的亮點，但這些舊建築再生的多功能空間，旨在維繫社區居民的關係，就算商店關門也不受影響。

人們去購物中心不只是為了購物。消費者來到全天候播放米尤札克背景輕音樂的巨型購物中心，會不自覺深受它的吸引，這是由零售商家和開發商所營造出的一種「時尚生活中心」的形象。有些小型購物中心會以某家特色商店（如巴諾書店和陶瓷大庫房）、而以非百貨公司為主體，裡頭仿造舊時代的城市中心設計而成，有著寬敞的人行道，可能是鵝卵石舖成的。有些購物中心則是主打農貿市場和食品卡車，營造出中央大街的懷舊氣氛；它們響應了人們對於購物中心出現前、舊時生活方式的渴望。

或許這些購物中心緩解了老式購物中心所強調的消費至上；又或許它們只是想要復古，重現數十年前的流行風格。不過，事實證明它們成功吸引了人潮，人們想要花時間，尤其是週末，待在那些非封閉、沒有充斥噁心化學肉桂味的場所。

格魯恩在半個世紀前寫道：「藉由提供人們在一個行人友善的安全環境裡享受社交和娛樂的機會，同時融入一些公民和教育的設施，購物中心足以填補現有的空白。它們可以提供人們參與現代社區生活的場所與機會，就像以前的古希臘中央廣場、中世紀的市集，還有我們自己的小鎮廣場一樣。」或許，未來真的能夠重現那個「以前」。

我們到底為什麼要在週末購物？是出於消遣？獎勵自己？還是為了驅散我們對死亡的恐懼呢？

可以確定的是，購物早已深植我們文化當中：一個無法避免、再正常不過的經驗。我們生活在高度消費的時代裡，創紀錄的高債務比例以及源源不斷的廣告轟炸——如今它們以手機簡訊和臉書貼文之類的方式，從廣告看板轉移到我們的私密空間。茱麗葉．修爾認為，今日的勞工被困在一個「工作與消費的循環」裡，這不僅是因為我們長時間工作，也是因為我們不停地這麼做。工作和消費循環的概念是這樣的：如果你長時間工作，你會賺到更多的錢；你賺得愈多，你就花得愈多；一旦你花得更多，你就得工作更長的時間，才足以支撐你消費至上的生活方式。

長時間工作意味著你會更沒有時間從事休閒或追求真正重要的事情，像是：家庭、社群、快樂。然而，它並沒有終點可言。修爾說，你消費再多都無法讓自己感到百分之百滿足，因為我們永遠會看著鄰居做比較，總嫌自己不足而快要窒息：「如果我們的欲望跟我們的收入保持平行，那麼變得更有錢難道不會讓我們更滿足嗎？又或者，如果滿意度不是取決於某個消費的絕對值，而是取決於跟別人的比較（譬如瓊斯夫婦）呢？那麼你就算擁有再多，只要隔壁的瓊斯夫婦擁有得比你多，你還是不會感到滿意的。」

「炫耀性消費」是一個很古老的概念，它是經濟學家暨社會學家托斯丹．凡伯倫（Thorstein Veblen）在一八九九年所創的語彙，用來形容以獲得地位為目的的消費。要收復我們的週末，讓它不只有購物而已，意味著得收復我們的時間；然而，我們想要的不是時間，而是物品。

早期現代社會的休閒才是真正的休閒狀態：無所事事地消磨休閒時光，等著侍者送來切邊三明治，就像《大亨小傳》裡的黛西一樣。當時，什麼都不做才是地位的象徵。如今，什麼都不做是低度就業的象徵。購物為社會進步提供了動力：持續不斷地得到、持續不斷地花錢；不僅要努力追上隔壁的瓊斯夫婦，還要努力追趕快速擴張的全球經濟，意即大衛．李維所指的「更多、更快、更好」。據某些研究證實，購物，甚至只是期待購物，都會促進大腦化學物質多巴胺的分泌，點亮我們的愉悅中心。

即使你覺得生活在物質世界裡沒有多大問題，你還是得付出一個代價：購物需要時間，但時間卻很有限。大約兩千年前，希臘哲學家塞內卡寫過一篇完美的迷小短文，名為〈關於人生的短暫：生命其實很長——只要你知道如何善用的話〉。說真的，這是每個人都需要的唯一一本自助書，書中充滿敏銳詼諧的智慧，即便到了今日仍然適用。

此外，該書還提醒了我們一件事：很久以前人們就已經在為休閒抗爭，塞內卡教那些落入工作和花費循環的人不要再浪費時間：「對於那些做大量苦工賺錢、為了維持生活開銷又不得不做更多苦工的人，他們的人生勢必非常短暫，而且非常悲慘。他們努力得到所想要的，卻無法滿足於自己擁有的成就。同時，他們沒有意識到時間一去不復返。有了新的追求就拋棄舊的，希望激起更多的希望，野心又激起更多的野心。他們不想尋求解決自身苦難的方法，只是單純換個動機繼續追求。」

塞內卡是對的：購物其實並未讓我們感覺很棒。物質主義和孤獨感是在同一個自我傳播的循環裡。「孤獨循環」一詞指的是：物質主義使人感到孤獨，而孤獨感促使人們購物，儘管我們知道，解決孤獨更好的辦法是跟別人接觸，而不是採買更多的東西。

根據芝加哥大學一項歷經六年多、追蹤二千五百多名消費者的研究，結果發現重視物質財富的人並非完全一樣。有兩種類型的購物者比較容易落入孤獨循環：那些「定義地位」的人（就是成天跟鄰居瓊斯夫婦比較的人），以及那些把購物當作治療方式、藉由買東西來緩解自己不幸的人。無論是將物質財富視為成功衡量標準、還是治療不幸的藥物，隨著時間的推移，都會增加孤獨感。換言之，這兩種物質主義者都會因購物而感到孤獨。然而有趣的是，第三種類型的物質主義者不會像前兩者一樣產生孤獨感。這類人為了有趣好玩而購物，因為他們喜歡漂亮的東西。據研究人員總結：實際上，追求「物質樂趣」的購物可以減輕孤獨感。

我很認同這樣的結論：並非所有的購物都是有害或愚蠢的、會把我們成為資本主義遊戲裡的犧牲品。我們所獲得的東西裡有些是很美好的，而且在獲取它們的過程裡，我們也樂在其中。我們感受到那些東西的質感和觸感，我們渴望獲得感動。在記者維吉尼亞·波斯特勒爾（Virginia Postrel）採訪的記錄片裡，喀布爾婦女從塔利班解放出來後，就馬上透過物質財富展現自己，渴望在打扮和變美中獲得慰藉。她們塗上指甲油，買了五顏六色的罩袍，追求長久以來遭禁而無法穿上的精美刺繡和布料。

耶魯大學心理學暨認知科學教授保羅・布魯姆（Paul Bloom）寫道，我們獲取物品不只為了尋求感官的愉悅，我們還想了解該物品的故事。就算一只要價十萬美元的勞力士手錶，看起來幾乎跟一千五百美元的手錶完全相同，戴上它無法顯擺出自己高人一等，就連瓊斯夫婦也看不出來這兩者的區別，但有些人還是會選擇付出高價購買前者。賦予購買者愉悅感的是該物品的「隱藏特質」：由於它的淵源正統、它的精湛工藝、以及它的歷久不衰。

同樣也是進化理論家的布魯姆則認為，人類之所以養成「本質主義」的技巧，是源自於我們遠古的祖先，因為他們必須仰賴這項技能去區分哪些動植物可口美味，哪些又會害他們喪命。

有些人購物就是出於這樣的執著和鍾愛，彷彿錯誤的選擇會要了他們的命。像我的一位朋友M小姐，就是個一絲不苟的嚴謹購物者。她可以耐著性子慢慢逛古著店；坦白說，這真的滿累的。我記得幾年前的某個星期六，我跟她一起去逛切爾莎跳蚤市場。她仔細檢視一堆又一堆的衣服，每走幾步路就停下來思考。後來她看中一個胸針，只見她拿起它、靜靜望著它、然後把它握在拳頭裡，然後閉上眼睛，彷彿正在接收胸針位於外太空家鄉傳來的訊息。想當然耳，她從事的正是時尚工作。

但在她的故事裡，有些東西值得我們學習（當然不是指我的缺乏耐性）：購物不見得都是邪惡的。只有當消費變成你生活的動力時，它才是個問題。因為這樣的你是為了購物而工作，你把寶貴、稍縱即逝的時間花在購買上面，以為這麼做能夠填補空虛。相較之下，謹慎且聰明地購物——為了享樂、而不是為了證明自我價值，並不算是最糟的週末消遣。其實，早午餐才是最糟的週末消遣！

傻瓜才吃早午餐?!

在我家附近角落有一間小餐館，名叫「救命恩典」，裡頭擺了十張左右的桌子。每張桌子上通常會放一只小花瓶，裡頭插著一朵花，不規則形狀的瓷瓶十分討喜。他們家的拉賈斯坦炒蛋和焦糖香蕉配法國吐司非常好吃，而且我還曾看過麥可・塞拉（Michael Cera）跟奧布瑞・普拉扎（Aubrey Plaza）一起在那裡吃早午餐。

眾所周知的是，去「救命恩典」用餐大多時候都得排隊，長長的隊伍往往排滿人行道；星期天早上，甚至要排上兩個小時。說實在，這真的很離譜。星期天花兩個小時排隊等候，只為了跟麥可・塞拉同在一間餐廳用餐，喝上一杯越南冰咖啡?!要知道，你永遠拿不回來這兩個小時！

不過，早午餐代表著我們跟時間的關係。它是一種休閒的宣言，一個幾乎完全與週末相關的行為：沒有人平時會約吃早午餐談公事的。它是閒暇時間裡立下的一個樁，但這個樁造成了一個漏洞，使閒暇時間逐漸流失，而且是大把大把地流失。

早午餐是英國人發明的；這個詞最早出現在一八九五年《狩獵者週刊》的一篇名為〈早午餐：一個請求〉的文章裡。該文作者蓋伊・貝林格（Guy Beringer）寫道：「早午餐是歡愉的、社交的，且情緒高昂的。它讓你變得愛講話；它讓你保持好脾氣；它讓你對自己、也對同桌朋友滿意；它能掃除一週以來的煩惱、讓你頭腦清醒。」

早午餐是世界各城市裡最強大的世俗儀式之一，畢竟「愛講話」是人際交往的關鍵。它在二十一世紀之前就已經存在，而且其他文化裡也有類似的形式：如中國的早茶和法國的大早餐（le grand petit déjeuner）。今日的都市早午餐，往往是大家參照無數篇美食攻略中的一篇，約好一起去朝聖；它們多半是排隊名店，而且在店家的Instagram上通常會刊出格子鬆餅和餡餅之類的美食照片。二十幾歲時我們是相約找餐廳一起喝酒，如今成為三十幾歲的年輕父母，則約好一起去吃早午餐（唯有吃這一頓飯時，孩子吵鬧不會遭人抗議）。

換句話說，早午餐感覺就像社群和連結，這兩者都是我們必須在週末用心栽培的東西。不過，作家孝恩・米卡勒夫（Shawn Micallef）在其著作《早午餐的問題》（*The Trouble with Brunch*）裡，卻把這頓飯當成一種炫耀消費、浪費大量時間的行為。米卡勒夫的這本小書其實主要在談「階級」；他認為，一個人會不會花十四美元買雞蛋，是判斷可支配所得多寡的一項重要指標。米卡勒夫指出，昂貴的美食通常只是餐廳把先前沒用完的食材拿來烹調，再用大量的濃郁醬汁掩蓋而已。此外，餐廳外的排隊長龍（就像我每週日在家附近餐館外看到的那種）

正突顯出裡頭用餐客人一副霍布斯式漠不關心的嘴饞模樣，絲毫不在意外頭等候的客人正飢腸轆轆貼著玻璃窗看著他們。米卡勒夫還寫道，吃早午餐時，「同理心」並不存在。

早午餐的反對者幾乎和它的支持者一樣多。二〇一二年，紐約《每日新聞》聲稱：「早午餐是美國豎起沾滿楓糖糖漿的中指，叫現實世界的煩惱滾蛋的慰藉。」二〇一四年，鼓擊樂團（The Strokes）主唱朱利安・卡薩布蘭卡斯（Julian Casablancas）在《GQ》雜誌採訪中說明他搬離紐約市的理由：「我不懂為什麼有那麼多人——嗯，白人——要在週六下午吃早午餐？」這位搖滾巨星將早午餐視為愚蠢週末活動的想法，靈感其實來自於另一篇反週末的文章，標題為〈傻瓜才吃早午餐〉。

米卡勒夫坦承，自己也會吃早午餐（儘管他很少有人邀他。這點並不意外）。二十多歲時，他從家鄉安大略省溫莎市搬到多倫多——溫莎是座勞工城市，與美國的底特律市只有一湖之隔。在他成長過程裡，早午餐要在特殊日子才會吃——像母親節他們會去宴會廳或高爾夫俱樂部聚餐。在多倫多，米卡勒夫的同事都是受過高等教育、市區長大的知識工作者，他每週都被他們拖去吃早午餐，幾乎沒有樂趣可言。在大城市吃早午餐往往很擁擠，不僅有礙消化，對聽力也有害處。

令人驚訝的是，每一間早午餐餐廳的設計風格都很雷同，只有些微差異：超級「真實」的農莊餐桌以及妃絲特[2]的音樂；白色的牆壁和某個純真年代的復古展示品。我們在很多城市吃過時尚的早午餐，在底特律、倫敦和多倫多，到處都可以看到生鏽的牛奶罐，它儼然是熱門的裝飾。為什麼這麼無趣的盲從運動會一直延續呢？

在一家圖書館式咖啡廳裡，我和米卡勒夫坐在一起，他戴著黑框眼鏡和軟呢帽，一副標本研究學者的模樣。我問他：在大家都十分忙碌和工作過度的情況下，怎麼還有辦法騰出兩個小時的時間去享用早午餐呢？（其實應該要算四個小時，加上排隊，還有廢話講不停的服務生）他回答說：「我猜想，早午餐是一種炫耀的休閒，是一種奮力抵制忙碌的行為。我們在宣示：現在不准工作；這就像是要逃離一艘船身進水的破船。他們想讓大家看看，朝九到晚五不間斷的工作、二十四小時的忙碌並沒有榨乾他們。」照這樣的說法，早午餐還滿悲慘的：這是努力在週末拿回休閒、拿回快樂的一項嘗試。但問題是，早午餐往往不是那麼快樂。

米卡勒夫把早午餐視為一個階級的象徵，是創意工作者向人展示自己成功的一種方式。即使這樣的成功是裝出來的。許多創意工作者說穿了就是合約工，做完一個換下一個，工作時間長、又不穩定；再說，他們升遷的機會少之又少。雖然他們或許有創意的本錢，卻沒有雄厚的經濟本錢。享用早午餐既需要金錢、也需要時間，但許多吃早午餐的人其實兩樣東西都很少。所以，早午餐只是個假象，用來偽裝自己是個穩定的中產階級。米卡勒夫寫道：「它只是一場展現休閒的盛大演出，但本身一點也不休閒。」

你怎樣度過早餐時間，就怎樣度過你的週末

但是在社群出現裂痕、許多人感到孤立時，早午餐的確提供了社交凝聚力。在最好的情況下，早午餐能夠與人面對面接觸，而非透過網路連結（Instagram那部分除外）。尤其對於住在城市、家人通常不住在附近的人，早午餐就成了跟「自選的家人」用餐的時間。之所以訂在星期天進行，是因為傳統上這一天是跟族人聚會的日子。往往無血緣關係的家人比有血緣關係的家人還更了解你，就像《慾望城市》裡所貫穿的主題一樣（這部影集裡最常出現的就是早午餐和杯子蛋糕，代表美味的互動與些微苦澀的餘味）。

週末聚在一起吃東西是合理的休閒活動，但我們不見得非要去吃昂貴又撐死人的早午餐。住在公園坡的律師安圖已經在移民婦女的廚房裡度過了三個早上，學習如何烹煮烏茲別克、黎巴嫩和日本的料理。

「廚房聯盟」（The League of Kitchens）提供異國烹飪課程，讓學員到各個紐約移民婦女的家中上課。它的創始人麗莎・葛羅斯（Lisa Gross）從小的成長環境裡就充滿著美食佳肴，而且是來自於匈牙利裔猶太血統的父親以及韓國裔母親兩邊的料理。小時候，她的韓裔祖母和他們住在一起，當時家中總是充滿著韓國美食的味道，可是她從來沒有學會怎麼做。等她長大以

2 Leslie Feist，美國裔加拿大創作歌手、獨立搖滾樂團崩世光景的團員。

後，想要重溫那些味道時，她的祖母卻已經過世。她不想透過食譜學做菜，而是從真正的女人那裡學習，就像跟祖母學習一樣。基於那樣的渴望，「廚房聯盟」就此誕生。

葛羅斯發現，廚藝精湛的紐約女性很樂意讓美食家和觀光客進到家裡進行一整天的烹飪教學。廚房聯盟如今提供千里達島、印度、阿富汗等料理的烹飪課程，並支付那些開放家庭場地的廚師每小時二十五美元的優渥薪資（食材費用額外報銷）。她表示：「這些女性很多都已經五、六十歲，擁有專業技能，但在我們的社會裡，可能沒有讓她們大展長才、受人推崇的一席之地。」大多數課程為時五個半小時，這是很大的一筆時間開銷，特別是對工作成癮的紐約人而言。

葛羅斯接著說：「沒錯，紐約人確實格外忙碌，行程總是滿到不能再滿，但他們也對居住在同一個城市裡的人特別感興趣。」她認為，從某種意義上來說，每堂課雖然長達數小時，但它卻賦予參與者一種時間變多的感覺，而不是變少。「這類活動進行時，會給人『時間生出時間』的感覺；當你在旅行、讓自己結識那些你平常不會碰到的人，也會產生同樣的感覺。你在別人家裡上課，所以會覺得很親切。這種感覺十分神奇！」

為了學習烏茲別克料理，安圖搭乘地鐵來到布魯克林的弗拉特布什，這是她之前從未造訪過的地區，然後走一大段路來到妲米婭的公寓。曾經當過醫生的妲米婭來自絲路古城撒馬爾罕。安圖和其他五名學員切蔬菜並接受指導，但她們大多時候都在品嚐和觀看，學習該地區和食物的歷史。她們這天學的是一種土耳其和中亞混合的餐點，有餃子和哈爾瓦酥糖。課程結束後，她們和妲米婭的家人坐著閒聊政治和歷史。安圖說：「這就像是一場研究生的研討會。」

安圖的父母都是來自越南的難民，她非常清楚移民在大城市裡的孤立感。對她來說，能夠進入陌生人的家中（接受同一城市其他居民的邀請而進行對談，否則他們可能永遠不會認識彼此），感覺跟食物同樣重要。安圖說：「我大部分的文化認同都來自食物、以及餐桌上聽到的故事。

在多數文化裡，烹飪是跨世代人群凝聚情感的機會。在這樣的前提下，受邀進到某人家中，進而談論歷史、文化和政治，真是非常難能可貴。這不只是去公共場所去吃頓早午餐，而是在私密空間裡交流；正因如此，這樣的經驗才會這麼獨特。」

對我來說，感覺上它跟早午餐正好相反：消弭差異，而非突顯差異。當然，在我的城市裡並沒有廚房聯盟，你的城市可能也沒有。然而，無論你住在哪裡，你都可以沿用相同的靈感。你可以和鄰居或朋友一起做飯；或是跟某個當地組織合作辦個新住民的歡迎會。

廚房聯盟提醒了我們一件事，最好的週末需要包含多種元素：新的經驗、新的成員，以及讓你得以用全新眼光看待自己居住地點的活動。這個特定的烹飪班需要臨在感，還有同理心——去理解其他成員對這個世界的體會。當然，還得包含食物囉！

偶爾吃頓早午餐，或許會給你所有美好的東西。但是，當你下次又想在某個星期天花時間排隊，接著再利用你一星期中僅有的空閒時間，花幾小時盡情吃美食吃到撐。你或許應該想想安妮．迪勒（Annie Dillard）在《寫作生涯》（*The Writing Life*）裡的那番話：「理所當然地，我們怎樣度過一天，就怎樣度過一生。」所以說，你怎樣度過早餐時間，就怎樣度過你的週末。

業餘愛好V.S.工作愛好

幾年前，我和家人住在義大利村莊的一間國際學校裡；它位於懸崖邊，可以俯瞰亞得里亞海。當時我先生在那裡教書，我則在寫作。我同時還負責接送兩個驚嚇萬分的孩子去當地學校上課，試圖用正面的話語安慰完全不會說義大利話的他們。我一邊往大門外走，一邊夾雜幾個義大利單字說：「午餐他們會給你們吃水牛乳做的莫扎瑞拉乳酪哦！掰啦！」

朱利安任職學校裡的教師來自世界各地，儼然就像個小型聯合國。很快地，我就發現他們與眾不同的地方。當我跟他們開始閒聊套交情時，他們並不會馬上聊自己的職業生活。換句話說，當我問「你做什麼的？」之類的問題時，他們並不會像呈履歷表般地細述自己的工作經歷，他們反而會聊自己實際「做」了什麼，譬如在工作以外的時間所做的事情。

原來，蘇格蘭籍的科學老師還參加過十項全能比賽；荷蘭籍經濟學教授則總是穿戴著酷炫自行車服和頭盔，騎車去山裡。一到星期五下午五點，我們村裡居民就搖身變成汽車達人、素描畫家、園丁和健行登山客。

於是，我不只一次被人用歐洲各地不同的口音問到：「那麼妳的嗜好是什麼？」這個問題很好，但說實在，我在多倫多還真沒被人問過呢！我回顧過去這些年自己都在做些什麼？看社交媒體、偶爾逛逛博物館？但它們都不是我持續在做的愛好，充其量只是一時興起的活動。怪異體式的瑜伽課算嗎？還是跟朋友喝著酒交換最新流行文化資訊呢？這些都是美好的時光，但不能算是嗜好。

嗜好是一種興趣，我們做它是為了快樂、而非為了獎勵。不令人意外的是，這個概念在工作至上的文化裡，它早已經從我們日常對話裡消失了。清教徒告誡人們：「別墮入懶散」，而維多利亞時期的女性雜誌則教女人學習手工藝和音樂時必須考量是否「有用」。我們可能不會大聲承認，但說實在，日復一日、週復一週地追求快樂，還真讓人覺得有點……懶散呀！懷抱這種想法的我們，跟那些一板一眼的清教徒又有什麼兩樣？

無獨有偶地，從事手工藝和組裝等老式愛好（如製作鐵路模型、收集礦石等）的人口，近年來似乎也在減少。據英國一家報社的調查報告顯示，四分之一的英國人把「看電視」當作自己最喜愛的嗜好；美國人每週則花三十三個小時做同樣的事情。該英國報紙的調查還指出，將彈奏樂器作為消遣的只有百分之四，釣魚休閒者只有百分之二。

地區報紙會定期刊出新聞，報導又有某一家令人喜愛的嗜好老店關門大吉時，感覺就像看到訃聞一樣傷感。當然，有些負擔不起實體店面的戀物收藏家只是轉戰線上，某些特殊嗜好還是繼續在網路茁壯發展（在Bagophily.com上，收藏家可以跟其他人交流飛機上的嘔吐袋）。但是我們對手工藝品店的懷舊不僅是帆船模型實體店的消失，還有我們在這些店裡曾經消磨過的空閒時光。安息吧，週末！一九三〇年代，正值美國八小時工作制剛剛頒訂，許多人開始在週末休假，人數之多是前所未有的；突然之間擁有業餘愛好的人變多了，這兩者之間並非巧合。

業餘嗜好存在我們空閒時間裡的灰色地帶；照理說，它們應該是工作的對立面，但它們卻可能需要大量勞動。聖克拉拉大學歷史教授史蒂文・格爾伯（Steven M. Gelber）寫道，業餘愛好「需要勞動，把它變成休閒；同時需要休閒，把它變成勞動。」按照定義來說，嗜好是自由選擇的。但格爾伯認為，它們當中有許多是一再重複、目標導向的；感覺就像我們主動把工作帶回家做一樣（他認為，這麼做等於在強化資本主義價值觀，讓我們繼續做一個巨大機器裡的快樂齒輪）。嗜好也可能具有相沿成俗的保守特質，存在刻板的性別角色。格爾伯寫道，一九五〇年代女人被鼓勵從事縫紉和彈奏音樂，男人則被鼓勵善用ＤＩＹ特長、在車庫裡拿起超大型工具組裝東西，或者玩模型以鍛鍊他們的科學頭腦。

儘管有些業餘愛好跟工作很類似，但有一點十分顯著、且令人鬆一大口氣的差異，那就是：沒人在乎你的嗜好做得好不好，只有你自己在乎。在神經緊繃、高風險、經濟焦慮的時代，業餘愛好是一種令人開心的低風險追求。

沒錯，狹隘的嗜好圈子裡可能會有過度放縱的旁觀與相互較勁的情況（幾年前在猶他州，有個《龍與地下城》角色扮演遊戲的愛好者，因為不滿他朋友扮演地下城主時的行徑，潛入他的房子裡用錘子打他）。但大多數的嗜好都是私人避難所，每個星期我們得以在這個私密空間裡精進技能。收集全世界各地的反印郵票，肯定是出於一種想要擺脫生活混亂的衝動。其實，分類和計數的動作都能令人感到安心。

我先生的爸媽在晚年時成了賞鳥愛好者。我承認，自己一開始並不能理解他們為何會迷上賞鳥。賞鳥也屬於一種收集的嗜好：待賞清單上的各種鳥類以及圈內的行話；它也是北美發展最快的業餘愛好之一。賞鳥者戴著滑稽的帽子，身上隨時都帶著雙筒望遠鏡；賞鳥其實一點也不酷——跟其他多數嗜好一樣。但顯而易見地，賞鳥帶給我公婆很大的樂趣。它改變了他們的假期型態，重塑他們的週末，並改變周遭景觀對於他們的意義；同時也是增進他們夫妻之間感情的媒介。

以我的想像，他們賞鳥時肯定並肩站在路旁，脖子伸得長長的，將雙筒望遠鏡對著遠方的天際仰望。我公公布萊恩把它形容為「心意相通、追求同一目標的兩個人」；不過，他也喜歡獨自一人賞鳥的孤寂感。他描述賞鳥時要有的心理準備：它需要耐心等待一隻不見得會出現的鳥；而且要運用所有感官全神貫注。他所具備的就是正向心理學家米哈里．奇克森特米海伊

（Mihaly Csikszentmihalyi）所謂的「自帶目的型人格」：天生就充滿好奇心，單純為了自己的緣由去做好事情，並且長時間專注在它們上面（像收藏家和目錄愛好者）。

布萊恩坦承自己已經收集了七萬五千張的照片（其中包含他將某次去墨西哥旅行拍的一萬張相片刪減完所剩下的十張照片）。他表示：「鳥類具有一種魔力、一種靈性的魔力，能引導我們回到內在的自我，馴服我們浮躁不安的心靈。牠們的出現讓人感到恩典，牠們沒有出現也是出自魔力的關係。」

再說，興趣愛好也非常有益身體健康。嗜好可以促進社交互動、減輕壓力以及孤獨感；甚至可能減少我們罹患癡呆症的機率。馬約醫學中心的研究人員訪問二百五十六位老年人的休閒嗜好；在調查之初，這群平均年齡八十七歲的老人裡，沒有半個人有記憶力或思考力受損的問題。大約過了四年後，有一百二十一名受測者出現輕微的認知問題。

研究人員發現，某些特定活動證實可以降低認知受損的可能性，例如社交活動、以及使用電腦瀏覽網頁或玩遊戲。但以目前來看，延緩腦力衰退的最好方法就是從事藝術相關的愛好。那些經常參加藝術活動，譬如繪畫、雕塑或素描的中老年人，罹患輕微認知障礙的機率，比那些沒有參加的人還要低百分之七十三。至於從事工藝活動（陶藝、木工、縫被、縫紉等）的人，記憶受損的可能性則減少百分之四十五。

如果你做什麼事情都得從工作的角度考量的話，其實嗜好也可能帶來事業的成功：諾貝爾得獎者擁有長期愛好的比例，比其他科學家或普羅大眾還來得高。最近一項研究發現，那些在空閒時間從事創造類嗜好的人，更容易從長時間大量工作後恢復過來，也更能夠幫助別人；而且，當他們回到辦公室後，也可能更富有創造力。

儘管嗜好確實有助於提高生產力，這樣很棒是沒錯，但業餘愛好的真正價值在於它的無目的性。一九三二年，伯特蘭．羅素寫道，「玩樂」因為「崇尚效率的執念」而變了樣。每一項活動都必須要有目的的這種觀念，在資訊時代有了新的版本：點點滑鼠上上網，任何人都可能變成企業家。如此一來，我們很容易受到誘惑，進而將擅長的事物變成生財工具、從業餘轉成專業，像Uber就是從一個嗜好開始的！於是有人會想：「或許我的某某想法能夠在全球掀起風暴！」這就變成所謂的「工作愛好」，而非「業餘愛好」，這是種有目的的追求。然而，嗜好只是工作之外的活動：它不是為了取勝，而是為了深入做好一件事情。

然而，自我經常覺得不容遭到忽視。私底下，我們成天在網上建立自我，在社交媒體上大談闊論；在專業領域裡，我們多數人工作時都掛在網上，一整天不斷打卡推文發布自己的實時狀態。因此到了週末，我們更是需要進入「心流」。奇克森特米海伊認為，「心流狀態」是不求目的地全然沉浸在某項活動裡（所以從事給薪工作並不算在內——儘管工作時的心流體驗也是十分絕妙的）。這是一種脫離自我、脫離時間的感覺：「每個行為、動作和想法都自然無縫地一個接著一個，就像演奏爵士樂一樣。你整個人投入其中，進而充分發揮你的技能。」

曼陀羅、摺紙……，讓嗜好治療你的憂鬱

一七七六年，詹姆士．包斯威爾（James Boswell）曾因為產生了某種怪異的憂鬱感覺，而從亨里駕著馬車到伯明罕尋求塞繆爾．約翰遜（Samuel Johnson）的看法。約翰遜博士是這麼回答他的：「你若是在鄉間擁有一塊地，請設置一間實驗室，每年投入二十英鎊。這將會讓你感到開心……去學習化學或繩上舞，或者去上任何一個你當時感興趣的課程。盡可能徹底遠離自己的想法，並且盡可能多做一些脫離自我的事情。」

所以，約翰遜建議包斯威爾，控制憂鬱症最好的辦法就是找個嗜好（儘管「繩上舞」意味著要走鋼索，聽起來有點像在挖苦他）。「遠離你的想法」！這不正是我們需要的嗎？它不就是所謂的心流嗎？興趣愛好是獲取純粹樂趣的方式；在歷經長時間日以繼夜地工作、成天讓電子設備和公事牽著鼻子走之後，我們更是需要這樣的樂趣。我們生活裡的責任和任務是有盡頭的，但嗜好可以是無窮無盡的。它可以讓我們煥然一新，為即將而來的頓悟預做準備。

星期六上午十點，在亞利桑納州的土桑市，一群成人著色俱樂部的會員聚在一個安靜的房間裡，各人帶著自己的書和彩色鉛筆圍坐長桌旁。賈馬爾是這個小組的發起人，負責預訂場地、上Meetup.com公布位置（圖書館、社區中心、或養老院）。大家在塗色時，他會靜靜地在房間裡走來走去，輕聲替每個人加油打氣。

幾年前的某個冬天，賈馬爾還住在蒙大拿州時，因為大雪出不了門而深感無聊，於是他開

始畫曼陀羅。然後，他開始臨摹曼陀羅，設計出精美的艾雪[3]畫風的複雜線條圖，讓人一看就有塗色的衝動。早在成人著色書熱潮興起之前（二〇一五年成人著色書的銷售量大約有一千二百萬冊，比二〇一四年增加了約一百萬冊），賈馬爾就決定自行在網上出版並銷售自己的畫作。後來他得知人們會聚在一起著色，於是他決定成立一個小組。「我很快就意識到，這跟著色無關，主要是為了把人們聚集在一塊。」

說真的，這樣的景象還滿奇怪的：一群大人低著頭，默默在著色。偶爾會有人簡短交談、發出笑聲。之前曾發生過有人「不敬」的情況，賈馬爾只好請他離開。有些人或許會對這種風潮嗤之以鼻，認為它只是一時的流行，就像椰菜娃娃和跆搏一樣。那些看衰這件事的人認為，成年人著色不過是大規模把成人幼兒化的一種形式，並且打著正念的旗幟來謀取利益。這甚至不是創意！盲目跟風的羊民們，放下蠟筆別塗了！

但是，這種不屑的說法對於土桑著色俱樂部毫無一絲影響。每週都有不同的人來參加，彼此間都已建立深厚友誼。喜愛它的人描述自己的心理轉變，認為那是其他週末嗜好無法給予的。從事醫學出版業的羅蘋說：「這是超級棒的經驗，你的心思會進入一種無我的狀態；感覺條理清晰卻又無拘無束。」

3 Escher，荷蘭板畫家，專精於創造出複雜的畫面結構與混淆視覺的圖案，尤以對於視覺的探索最為出色。

羅蘋曾住過紐約和聖路易市，後來搬到亞利桑納州，她喜歡住在沙漠裡的寧靜感。她之前從未有個真正的嗜好；她學過繪畫和陶藝，但沒有得到多大的樂趣。她和她先生是在一間常去吃晚餐的餐廳裡結識賈馬爾的，他在那裡當服務生。在對方的邀請下，羅蘋決定某個星期六去參加他的聚會。她本來有些不安，但她很享受塗色前的準備儀式：就像小孩子在開學日拿著一盒全新鉛筆和帶有清香的新書。不過，當她一坐下來開始著色，就全神投入了。

這種重複的節奏聽起來就像心流：感覺不到時間的流失、逐漸遠離外在的世界。塗色的正面成效是有據可查的：在一項研究裡，研究人員先用基線測試測量受試者的焦慮水平；接著再向受試者描述某個可怕的經驗，增加他們的焦慮。在焦慮升高的狀態下，受試者被隨機分配一張白紙或印有圖案的紙張供他們塗色。拿到白紙的人並未顯示焦慮水平下降，但拿到圖案紙塗色的人，焦慮程度則大幅減低。

羅蘋說：「塗色會讓我們跳脫非常忙碌且瘋狂的步調；就如同放慢我們的電流迴路一樣。當我們還小的時候，我們可以坐在角落裡玩洋娃娃、模型汽車，或在圖畫書上塗色，一坐就是好幾個小時，彷彿那裡就是全世界。塗色就是這樣；在著色的當下，我從來沒有覺得自己是個成年人。」

有時候，嗜好可能會拯救一個人的性命。

泰勒是一名年輕的軟體開發人員，住在奧勒岡州波特蘭。在一次全家的自駕旅途裡，他母親給了他一本Klutz日本摺紙指南，從此他便迷上了摺紙。沒多久，他就養成摺紙的習慣，經常把他的作品留在城市各個角落。像他去餐廳吃完飯後，就會留下他的創作；其中在一家泰國餐館裡，他的作品就放在櫃檯上，久而久之就堆成了一座小山。

有一次，餐廳經理請他依照當時網路超夯的「朴元的一元紙鈔鯉魚」版本，也用百元大鈔摺出一條鯉魚。（摺紙達人朴元巧手將一元紙鈔摺成一隻美麗的鯉魚，就連身上的鱗片和魚鬚都唯妙唯肖，一對眼睛也都在正確的位置上。）雖然泰勒的鯉魚跟朴元的版本有些出入，但至少他摺出來了，而且是待在餐廳裡一直到關門後好幾個小時才完成。

週末時，他經常獨自待在家裡摺紙；但在每月的第二個星期天，他會到波特蘭圖書館參加一個小組聚會。他並不是一個擅長社交的人，所以這項活動對他來說向來是一大挑戰，但他還是會說服自己去參加。

這個小組聚會的成員不一，年齡層介於八到六十幾歲之間；男女各半，有著極大的文化差異，其中還有許多日本老年人。這個聚會並沒有老師指導；泰勒只是想觀摩其他成員的做法，從中得到啟發。同時，他也坦承想要向別人炫耀自己的作品。他真的做得非常棒：像是用大理石雕刻出來的長辮；一排以翅膀相連的精美鳥兒，每隻都面朝不同方向，活靈活現地彷彿是從同一張紙片裡跳出來的模樣。

儘管摺紙跟他的給薪工作有些共通的特質（軟體開發的邏輯和結構），摺紙能夠幫助他遠離一週工作的束縛。他指出：「軟體是毫無止境的，但每一件摺紙都有開始和結束。」他還表示，摺紙跟冥想不一樣：當他摺到最後關頭時，其實還會有一點腎上腺素急竄的興奮感。幾年前，泰勒罹患嚴重的憂鬱症；他發現，唯一讓自己走出來的方法就是靠他的雙手。重複的動作能夠釋放血清素；換言之，摺紙感覺就像是一種止痛療法。現在的他已經好多了，只是擔心憂鬱症會復發；於是他一直在努力讓它遠離自己。

在一封充滿心酸的電子郵件裡，他述說這項愛好對他人生的極大重要性。它帶給他一種成就感，而且在週末聚會裡，摺紙讓他得以接觸到更多的人：

「我的世界觀從此轉變，之前的我一直活在極大的痛苦當中。我很害怕會再發生什麼事情，使得我被困在這個軀殼裡好多年。人生大多時候似乎必須付出極大努力，只為了有個地方可以睡覺；等明天你睡醒之後，你又得繼續付出更多努力，好讓自己接下來有地方可供歇息……就是個沒完沒了的循環。當然，這個循環最終會停止的，畢竟我們有一天會死去。我深信，人死後就灰飛煙滅了。死了就不再有意識，而且最重要的是，也不再有痛苦。所以，那是我深陷痛苦時的一線期望，很可悲吧！（不過，坦白說，我其實對死亡一無所知……這可能只是我一廂情願的想法。）

然而，我覺得很棒的是，我們的作品和貢獻可以造福人間；在我們創造它們之後，人們至少能夠享受一陣子它們帶來的樂趣。因此，我們死亡以後並不見得就結束了。姑且不論是什麼因素導致，總之我很開心自己至少找到了一些意義，樂於與人分享有意義的事物。跟別人分享摺紙創作、教別人學會摺紙，正是一個很棒的實踐做法。」

就在週末「動」起來

根據《紐約時報》「週日你在做什麼」的專欄，每個人星期天都在健身。對於這個每週一次的專欄，我可是又愛又恨呀！至於我週日都在做些什麼呢？當然包括一字不漏地看完這篇專欄。

它主要訪問一些非尋常老百姓的尋常星期天行程；而在這些精英中的精英裡，絕大多數在受訪時都聲稱自己在週日運動。當中許多人只是純粹上健身房而已，但有些人則從事更加有趣的活動：像DJ Ruckus會穿著特殊的壓縮褲打拳；設計師辛西亞·蘿莉（Cynthia Rowley）則參加衝浪課程，由教練指導她和她的孩子在固定式衝浪板上練習。

「週日你在做什麼」的專欄刊出引人入勝的新聞故事，讓讀者既羨慕又訝異這些故事主人翁的特權，我們跟他們的生活簡直是天差地別。每週我們會看到不同的紐約客接受訪問，有高階主管、婚禮策畫、演員和小兒神經科醫生等，由他們講述週日做了些什麼。

行程多半由冥想和早午餐揭開序幕，而且他們一定、肯定、百分之百會在週日運動。他們也經常在週日工作，但不知為何，他們把週日工作當成一件美事。建築師拉斐爾·維諾利

（Rafael Viñoly）就說：「星期天超級適合用來工作的。」許多習慣週日工作的人會查看電子郵件、打電話，或是進辦公室，像傳記作家羅伯特．卡羅（Robert Caro）就會在星期天西裝筆挺並繫上領帶，前往他位於第五十七街的辦公室。

這個專欄之所以廣受歡迎，意味著我們缺少某樣東西：一個週末的處方，因為我們實在不知該如何安排自己的閒暇時間。既然我們自己的週末過得如此差強人意，何不窺探別人，也就是那些大人物，私底下週末都在做些什麼？這樣一來，《紐約時報》「週日你在做什麼」就不只是供讀者「好奇看看」而已，它簡直就像是一本維多利亞時代的禮儀手冊。

其中一項指示就是：週末要運動。無論你是否真的像辛西亞．蘿莉一樣有在星期天健身（並不是每個人都得去中央公園運動——許多受訪名人都這樣聲稱），你肯定知道自己應該要這麼做。運動的好處是有據可查的，像是：減輕壓力、延年益壽、增強幸福感，這些全是眾所皆知的「舊」聞了。

美國人在週末的運動量確實比平日還多。對許多人來說，這是忙碌一週行程中唯一可以鍛鍊身體的時間，所以他們成了週末戰士，把一整週的運動量全都集中到這個一週一次的訓練裡。這樣並沒有什麼不對：研究指出，週末運動會讓我們在其他五天裡把工作做得更好。一項長期研究也證實，在九年的時間裡，那些利用閒暇時間從事體育活動的人比那些不太運動的人，覺得自己在工作時更加得心應手，壓力也有所減輕。《富比士》一篇名為〈成功人士在週末做的十四件事情〉的文章裡指出，「建立關係是生活的一部分」；如果你是個避險基金經理人、而且想要在週末騎馬的話，千萬別錯過這個機會、多邀請幾個避險基金經理人跟你一起去。

當然，除非你主要的興趣是談論避險基金，騎馬只是其次，不然這麼做很令人沮喪欸！像這樣結合健身和工作（因為想要證明花時間運動能夠提高生產力），等於剝奪了健身的樂趣。就連「健身」這個詞本身，都給人一種嚴厲且過時的感覺，就像「健美體操」一樣。

照理說，週末就應該有趣。所以說，如果你明知自己應該健身，卻又抗拒不想去健身房，因為你不想在如此寶貴的週末時間裡，像滾輪上的倉鼠一樣，在跑步機上邊跑步邊看CNN，也許是時候改變一下了。那些真正喜歡在週末運動的人，通常不會說自己在「健身」。他們會說：「我有一場定期的網球比賽」，或是「我打街頭籃球賽」。總而言之，週末動起來只有一個簡單的好理由，那就是：玩。

根據美國「全國玩樂協會」創辦人暨《就是要玩》（*Play: How It Shapes the Brain, Opens the Imagination and Invigorates the Soul*）一書作者史都華．布朗（Stuart Brown）博士所言，對於玩耍的渴望深植於人腦腦幹，也就是在古老的生存中心裡，隨著大腦演化至今依舊存在。

就像所有的群居哺乳動物一樣，我們是為了生存而玩樂；不玩的後果是很可怕的。布朗指出，玩樂的反義詞不是工作，而是憂鬱症。他研究那些長大後變成殺人犯的人，根據他們的

「玩樂履歷」得出以下結論：這群人有個共同的特徵，他們童年都缺乏玩樂。

布朗是「玩樂治療」的倡導者，早期介入可能沒有足夠玩樂的孩子的家庭，這麼做其實會對社會產生長期的影響。不過，玩樂必須出於自願，不帶任何目的，只為了玩而玩。玩耍的當下會感覺不到時間的流逝，而且自我意識會隨之消退。真正的玩樂也有「即興的潛力」：結果是未知的，於是讓人想要繼續玩下去，看會出現什麼樣的結果。

小孩在玩耍時，總是十分投入、沒有想太多。像我十二歲大的兒子裘德就非常喜愛運動，各式各樣的項目他都喜歡。只要哪裡有可以參加的運動，他肯定會去。這孩子常常一從學校回到家，就歡欣鼓舞地說：「我報名參加排球比賽了欸！雖然我打得很爛。」

過去一年來，我們不斷在實驗改良我們的週末，也一直在努力確保我們的孩子在週六週日有更多的自由時間，而我們家沒有一個人比我兒子更會善用這些時間了。每當他有一段空檔時，就會打電話（或傳簡訊）給朋友，然後拿個購物袋裝好籃球、足球，和一只手套，腋下再夾著一根球棒，彷彿這些工具他全都用得著。隨後就跑去公園玩，就這樣一直一直地玩，偶爾跑回家喝水、吃東西，吃飽喝足後又跑出去，就跟我們外頭放養的貓沒兩樣。等他傍晚回到家時，則是滿臉的笑容和滿身的汗水——還有汗臭味。晚上睡覺時，他會睡得很沉。雖然他是個很少沉迷閱讀的孩子，但很容易沉迷遊戲當中。我希望，他對玩樂的愛好永遠不會隨年齡增長而消失。

對於我們某些人來說，玩樂的好處可以源自瑜伽或者健身課程（儘管在健身房裡運動，肯定會受到更多的規範、更少即興的樂趣），但是運動真的十分有趣；而且運動鼓勵我們放縱。

女人不愛運動，是天性，還是後天造成？

每到週末，尼爾會在加州帕薩迪納的一處公園裡玩街頭終極飛盤。他之所以會移居加州，是因為他所有朋友都搬來這裡了。目前他擔任電影、電視和劇場表演的製作助理；電影和電視工作人員的日程安排是出了名的不規律：拍攝期間，一星期的平均工時有可能高達七十個小時。這是一場結果不是大好就是大壞的比賽，而且競爭十分激烈。如果你不能一天工作十四個小時，總有別人能做。再者，他們這行是沒有週末的。在許多製作裡，導演、編劇和製片這些「大咖」往往有很好的福利補償，但是對於那些「小咖」來說，拿到的是中產階級的薪資，但工時長、睡眠不足，還有危及健康的風險。

十五年前，電影《歡樂谷》拍攝現場有一名助理攝影師一天工作了十九個小時，結果開車回家途中發生嚴重車禍。這個事件激發老牌攝影師哈斯基爾・韋斯勒（Haskell Wexler）開始在電影產業推行短工時運動，以及更人性化的排班方式，名為「做十二、休十二」（一個世紀前爭取到的「八小時工作、八小時休息、八小時隨我們想做什麼就做什麼！」，如今反而開倒車）。不過，它的效果不大。二〇一五年韋斯勒去世以後，雖然該運動依舊進行，但工時也依舊那麼長。

尼爾注意到周遭人群的工作狂熱現象，他知道自己不想成為那樣的人。他說：「我看到那些完全投入工作的人，他們從來沒有停下來喘口氣，始終一副精疲力竭的模樣。我望著他們時，他們臉上沒有一絲笑容，而且眼神黯淡無光。我很想問：『你們喜歡自己的工作嗎？那你們的生活呢？』彷彿如果沒有一直保持忙碌的話，他們就會失敗。於是，他試著讓更多的人跟他走出戶外。他會在網路上公布每週的比賽訊息，等到了現場後，他還會鼓勵路過的人一起加入。

無論他的工作生活再怎麼忙碌，尼爾都會盡量讓自己在星期天休假。在聖路易斯長大的他，在空軍退役後就搬到加州，至今才剛滿三年。他以前只玩過一次終極飛盤，但由於他個頭高、運動細胞又強，立刻就愛上這種比賽，無論是它的型態或致勝技巧他都深覺有趣。

要想贏得比賽，不能只靠蠻力，而是要靠距離、角度和風切。每當上場比賽，他總是完全沉浸在比賽裡。他說：「這真是很有趣。藉由這種友好又具有競爭性的方式，我的壓力得以緩解。比賽過程裡，你可以完全地發洩自己。」此外，這也是一種社交活動。比賽之後，大家還會一起烤肉或出去玩。於是，這一天是他日曆上不可改動的日期。

不過有個人並未加入他的活動，就是他女朋友。他說，她會去做瑜伽，或者請人按摩。根據皮尤研究中心的數據，男性每週花在休閒活動的時間，比女性多出五個小時。這裡指的是廣義的休閒，包含電玩、體育活動和電視。這是涵蓋各個年齡層男性（十八至六十四歲）所得到的平均值；至於家中有十八歲以下孩童的男性，平均每週只多出二．七個小時。

在捍衛玩樂這方面，我先生比我做得好很多。每週有一個晚上，他會出去玩街頭籃球；他也參加「夢幻棒球聯盟」。對於女性來說，這些個人樂趣似乎總是第一個被犧牲的——為了工作或家庭而犧牲。在一項調查裡，當受訪女性被問到為何不運動時，她們回答說：因為太累了。女性之所以時間比較少（或許壓力也更多），是因為她們比男性做更多的家務事。

但家務事永遠無法公平分配：多數調查顯示，「照顧小孩」屬於家務事的範疇。對於很多職場媽媽來說，她們會覺得週末可能一週以來唯一可以跟孩子相處的時間。她們實在很難揹起健身背包，撂下一句「下午見！」就出門運動。寶貝兒女們可是會在窗邊癡癡等妳回來，而妳也捨不得離開他們。所以，她們乾脆就不運動，或者成了「清晨五點健身族」：在孩子醒來之前就起早摸黑去運動的女人——獨自一人。

這樣很好，但不算是玩樂。當女性從事運動時，多半會參加課程或是去健身房鍛鍊，而不是實際參與某項體育活動，她們的選項就少了一大半。為何（許多）女性不參加體育運動呢？其實是因為人們長久以來都受到「男性就該陽剛、女性就該陰柔」的老舊觀念所箝制。在青少年時期，每次上體育課都得在眾人面前更衣，感覺別人都在對妳的身體指指點點；月經期間上場打排球，還會被砸中腫脹的腹部；還有跟男生同隊打球時，他們從來不傳球給妳，不然就是取笑妳跑步的姿勢。

攻擊力和競爭力這兩種體育活動必備的特質，出現在男人身上則是優點；但出現在女人身上，則會被說成「彪悍」。即便過去幾十年這種刻板印象褪去許多，女孩仍然會收到一種偏頗的訊息，不斷告訴她們應該如何對待自己的身體：無論是成年女性還是女孩，通常在媒體上看到的大多是修容、陶冶性情、搔首弄姿的女性形象，如卡戴珊家族；卻比較少看到女性在場上揮汗贏球的模樣，如阿比・瓦姆巴赫（Abby Wambach）。如果女孩很少在電視或媒體上看到成年女性從事職業體育運動，當然就不會想去嘗試了。「體育活動女人不缺席（Keep Her in the Game）」團體指出：難怪女孩一到十四歲左右，就不太參加體育運動了。

我的女兒十歲那年有超級多的社交活動，常跟朋友一起玩耍：她們會用硬紙板和廢布料打造娃娃屋，並且裝扮自己、圍著它跳舞。她還拍攝了一部非常感人的定格電影，內容講述兩個分開的岩石重新找回彼此。但是她玩得多半是小嗜好或手工藝，鮮少跟體育運動有關。雖然她運動細胞很好、手長腳長，又跑得很快。但她似乎只會在我們付錢讓她參加的團隊競賽裡玩——而且玩得很開心；不過，跟我兒子不同的是，我女兒對體育運動的愛好並未驅使她利用空閒時間去玩。

我倒不是說她這樣的玩法是錯的，我只是擔心她這種明明喜歡卻又不玩體育運動的矛盾，是因為我造成的。對我來說，運動向來是用來維持體態、控制體重和減緩壓力的；它只是我待辦清單上的一件事情，做完就打勾。我從事各種不同的健身活動，像瑜伽、有氧課、跑步等等，但我只是想交差了事。可以的話，我寧可不運動。

我跟體育運動的關係比大多數人還要疏離。在青少年時期，我碰到所有讓女孩遠離體育活動的處境：自我意識高漲、身材比例很奇怪，而且是大家在分組比賽時最不想選的隊員。但是我還有另外一個更不尋常的問題：從小家中就已經出現一個超級運動員，於是我高舉雙手往後退，拱手讓出這個領域。

在我哥年紀還小的時候，他超強的運動細胞就已經讓他朝向職業足球生涯發展。這意味著從小我們家的行事曆，都必須以他比賽、參加錦標賽，以及到外地出賽的時間為主。即使在他十幾歲的時候，他的職業生涯就已是我們全家的焦點。

儘管我父母盡可能平等對待孩子，但一個家庭的時間畢竟有限，於是我們所有人的時間通常大多數都留給了他。諷刺的是，我沒有跟他一樣強的運動細胞。每年九月開學時，我總會一再碰到這樣的情境：一開始新任體育老師很興奮，因為隊伍裡面有個同樣姓「奧斯塔德」的學生；但等他看到我連球都拿不好、或是腳上穿著雪鞋繞著圓錐笨拙做出佯攻的動作後，很快就對我失望了。

所以我向來不選擇團隊運動：我會選擇戶外健走、跑步，十四歲時還加入過健身房。當運動是為了達成其他目的時（譬如變瘦——這名十四歲少女滿腦子想的全是不可能達成的超高瘦身標準），那麼運動的感覺就像在盡義務。儘管我偶爾會站在Stair Master健身器材旁跟人閒聊，但這也不算是社交：至少在做完高溫瑜伽後，我不會跟同學一起去吃烤肉。

有太多女性骨子裡抱持一種看法，認為必須把每分每秒都填滿義務，以及有用的事情。週末投入運動對我們而言可能很難做到，因為這麼做可能看起來自私，以及自我犧牲得不夠多。每當我先生去打籃球時，讓我印象深刻的是，他出門就是出門，不會牽掛家裡。他單純劃分出他所需要的時間，就像折下一根樹枝，用不著多想。我知道很多女人也能做到這樣，為她們熱情鼓掌吧！但如果換作我去跑步時，我往往心不在焉，想著跑步的這一小時裡我可以做些其他什麼事情，接著再想跑步完可以做哪些事情。這樣還有什麼樂趣可言？

我之前一直想多了解玩樂性質的運動，而在體育項目裡，臨時組隊的街頭比賽應該是週末最適合優先去做的有趣活動。它們有很好的社交功能，而且好玩、離家近、又免費（或只需支付象徵性的費用）。一項研究發現，那些花時間從事有組織體育項目的孩子，成年之後可能沒有那些玩非組織運動項目的孩子還來得有創造力。

於是，我打了Skype電話給一個從小在哈林區玩街頭籃球長大的女人，我想了解玩街頭比賽的生活是什麼模樣。妮琪的成長背景是一九九〇年代後期的東哈林區；她哥哥維吉爾只比她大一歲半，所以不管他去哪裡，妮琪就跟到哪裡。這一帶有很多公園和遊樂場，妮基很快就學會足球和籃球，而且非常厲害。在街頭籃球比賽中，兩名隊長會從在場的人群中挑選十名球員參賽。妮琪才十歲時，就已經是第一個中選的熱門隊員。

放學後，她會直接回到位於一〇六街富蘭克林廣場旁、介於第二和第三大道之間的住家，再直奔附近的球場，不停地玩，直到路燈亮起，提醒她該回家時才離開。（她開玩笑說，也許當時應該花一些時間寫作業的。）每逢週末，從早到晚都有籃球比賽，她和哥哥總是要等到路燈亮起，或是她母親騎著自行車來找人，他們才會回去。

妮琪球打得好，因為她的模樣讓人出乎意料：她並不是特別高，而且長得很漂亮，顛覆大家的刻板印象。她還會做出各式各樣的假動作，從而擺脫對手。「因為我的模樣，那些傢伙或許會想：『哦，她肯定是最弱的那個。』這樣一來就中了我的詭計。所以他們不太會防守我，認為沒有必要。但等我拿到球之後，就會立即投籃，而且每投必中。我真的很會投籃！我之所以投籃速度會如此地快，是因為球傳過來之前我都看得一清二楚。」

十四歲左右，妮琪開始玩有組織的球賽（跟男孩子一起），但週末時，她還是會經常跑去公園玩街頭籃球。她說：「街頭球賽比較難打、競爭更激烈。其實，它並沒有固定的規則。打街頭賽時，每個人都隨心所欲做自己想做的動作，為了讓別人刮目相看。你上場打球時，另外四個隊員全是陌生人，剛開始你並不知道誰是誰，更不知道他們擅長什麼，但沒多久，大家就會開始各自秀出真本事。你會注意到：『哦，原來這傢伙是射手，而且很敢衝。』但打到後來，我們就真的變成一家人；因為這個比賽把我們牽在一塊。不管每個人的背景如何，你都可以在某個時間點在大家身上看到相同的特質。我可以從紐約市不同地方找來四個素不相識的人，彼此卻都能夠理解同樣一件事情。」

如今的她已經在籃球界闖出一番天地，她曾是東肯塔基大學的校隊隊員，目前正在四個不同國家裡打職業籃球賽。同時，她還是耐吉官網上的紐約市代表。我們透過Skype聊天時，妮琪人正在波蘭山區的一間公寓裡，因為她剛成為「PEAC佩奇隊」的控球後衛。

社會學家羅伯特．斯特賓斯把這種追求專業的業餘者稱為「愛好工作者」（Devotee Work），這些人既幸運又天賦異稟，足以將愛好變成賺錢的事業。妮琪的「愛好工作」證實了斯特賓斯的論點：休閒和工作並不總是兩個全然獨立的領域。人們有可能在休閒活動中找到很大的樂趣，進而把它變成工作；反之亦然。妮琪說：「籃球給了我一切。在我成長的那一區裡，很多人從未有機會出去闖盪，但我卻能夠做到，而且做得很好。」

這一切都始於一個空的球場。她說：「在有組織的球賽或有裁判吹哨的比賽裡打球，跟在街頭打球的最大不同點在於前者更受控制。『教練怎麼說，我就怎麼做；他讓我守這裡或是攻那裡，我全都照做。』它不像街頭比賽那麼自由；我很想念街頭球賽。」非賽季期間，她經常會待在紐約，除了指導年輕球員，也常去富蘭克林廣場旁的公園。星期六早上，她還是會找個空的球場，玩一場街頭籃球。

跟著大家一起跑，孤單但不寂寞

放心吧！我不會以「作者參加了一場街頭籃球賽，因而度過愉快的星期天上午」做為本章的總結——我恐怕需要先做三年治療才有可能參加。但我清楚知道，我可以把這種加入團體一起訓練的概念，拿來改善自己的週末。

換句話說，在我致力改善週末的這一年裡，參加團隊運動是我要做的第一件事。我渴望社群以及受保障的時間：為了我身體健康而保留的私人時間，誰都撼動不了，形同宗教法規賦予我的保障。於是，我加入了一個跑步俱樂部。

這個俱樂部已經成立多年，跑友們會在一座大公園旁的綠化社區裡集合練跑。幾年前，為了準備半程馬拉松賽，我曾經短暫加入過一個跑友團；但我從來沒有在毫無目標的狀況下跟一群人跑步。沒有設定目標的感覺對我來說很新鮮；它純粹是為了好玩，而不是為了終點線。這正是我在週末時缺乏的一種休閒方式。

星期天早上，一群人聚集在一間跑步用品店門口，全都穿著萊卡緊身服、整身裝備齊全。他們似乎彼此認識，這讓我想起以前上體育課沒人願意選我當隊員的窘境。隨後，當跑步店老闆站起來告知大家接下來的比賽時，我則走到隊伍的後方，試圖展現友好，掩飾我內心的不安。

人們之所以聚在一起跑步，原因之一是心理學家所謂的「社會促進」：當一個人跟別人一起，或在觀眾面前完成任務，他的表現會變好。但前提是，跑者本身必須要是熟練的老手，才會達到「社會促進」的效應。如果不夠熟練的話，那麼觀眾或是其他的跑者反而會引發「社會抑制」的效應，因而降低了速度和準確度。

跑步時我並不求快，但我也不想落後。這一大組人分成了幾個小組，我選擇的是中等速度那組，接著我們就出發跑十四公里。起初，沒有人跟我講話。這個小組的領跑人十分搞怪，一路都在講只有其他人聽得懂的笑話。我心裡確實又浮現出體育課的陰影，但我覺得沒關係：我必須學習在人群當中享受一個人的孤獨，這其實是一種需要練習的技巧，譬如在餐廳裡，我們總是習慣拿出手機和雜誌，拒絕面對孤獨。在一般的團體裡，倘若我沉默不語，大家都會注意到；但在跑步團體裡則不會，它有一種平靜的魔力，我只需默默跟著大家跑，速度反而比我獨自跑步時還要快一點點。

爬陡坡時，有的人跑得很吃力；那些跑得好、早已到達山頂的跑者則替他們加油。我驚訝發現，有人吆喝打氣真的幫助很大，就像有人伸手拉你上去的感覺。有位跑者表示她很累，想要折返；領跑人則找人陪她回去。我意識到，即使是在這種非正式的鬆散活動裡、在沒有團隊隊服或吉祥物的情況下，這次的跑步感覺也像是一場有組織的體育運動。

最後，終於有個女的跟我攀談，問我的名字。我們聊起這座城市、以及我倆身旁蜿蜒的河流。她把我介紹給其他跑者，於是我開始在人群裡穿梭，跟幾個人簡短閒聊。我們眼神沒有太多交流，這反而是種解脫；我們就像間諜，只說表面的客套話。我們每個人都汗流浹背、氣喘吁吁，全然忘了自我。

這次跑步我看到一些以前沒見過的東西；一個我之前不知道的社區；還有一個很多人放風箏的公園。我沒有事先查看地圖，因為我想完全放棄控制權；而且我也沒看手錶。快接近十四公里終點時，社交閒聊也都停了，大家都很累，沉默不語。這時我發現身旁有另一個人，一個我不認識的女生，她看起來跑得很吃力。我還是繼續向前跑，不過我覺得她的成功或多或少也是我的成功；於是我就站在最後一個坡頂等她，替她加油打氣，不僅為了她，也為了勝利。

——第五章——

在家少做事、多放鬆

關於家庭，有二點同樣重要且並存的真理：

第一、家庭是幸福的泉源、聖殿和安全的所在；它反映出我們的特性，顯現出我們的審美觀和我們的過去。

第二、家庭是強佔我們週末最多時間、進而摧毀它的主要元凶。

修理、打掃、設計、再多打掃一些：無論是樓房或公寓，都是強取我們時間的元凶。根據時間使用的調查顯示，人們在週末清醒的時間裡，大部分用在家庭事務上：打掃和購物。我不禁質疑，我們購買清潔產品是為了清理自己剛買回來的垃圾物品；購買工具則是為了修理我們去年才帶回家的垃圾商品。

那麼，現在是時候在家中進行一場斷捨離了，這意味著要把所有破損、不可修復的垃圾物品全都送去「好心人」二手中心。然後在回家路上，或許是時候添購一些垃圾、以取代剛送走的的垃圾產品了。接著，咻，又到星期一了！

我們別對自己太過苛刻。週末似乎是將一週以來未能完成的家事勞務，做個完美收尾的最佳時機。此外，對於想要跟家人有高品質相聚時光的人來說，週末又帶來更大的壓力。英國一項調查顯示，週一至週五之間，父母每天花費大約三十六分鐘，與孩子共度他們所認為的「高品質時光」，但這段時光通常是在電視機前度過的，而且彼此不會交談。於是，父母的壓力全堆積到週末，希望安排更豐富的親子活動和相處時光。

在我二十幾歲的時候，有一個朋友叫做「高期望小姐」（這是我私下取的綽號）。我們即將看的每一部電影、即將走進的每一間酒吧，永遠是「最棒的」！我們一起參加派對時，在門打開前的那一剎那，她會宣稱：「這會是史上最棒的派對。妳一定會喜歡那些人的，『全宇宙沒有人比得上他們』！」此時的我總會心一沉，因為期望過高的話，到頭來派對肯定是糟透了，裡頭的人也肯定讓我難以忍受。

如果你把週末看作補救的時機，用來彌補一整個星期未能達成的缺憾，那麼你也同樣註定失敗。光是以為自己能在短短兩天完成所有事情，就一定會自取失敗。要知道，週日焦慮症不只是擔心即將到來的工作，還因為週末沒實現期望而深感愧疚。

不過，有些方法可以令我們放下完美週末的幻想，度過一個實際、讓所有家庭成員都能受益的週末。首先，我們要問自己一個問題：哪些事物能為我的週末帶來價值？以我為例，我的清單向來包括：玩樂、社群、利他。接著問第二個問題：哪些事情阻礙我做這些事情呢？我的清單包括：購物、打掃、佈置家裡、答應孩子的承諾。這些細瑣的待辦事項幾乎塞滿唯一真正重要的應做事項，那就是：過一個有意義的生活。

對於那些擁有美好週末的人來說，解決之道很簡單：多做第一個清單——「大事情」，少做第二個清單——「小事情」。當然，在某些週末的日子裡，你最重要的事情是把浴室打掃清潔，把髒衣服洗乾淨。但在剩下時間裡，我們若想過上最好的週末，就得盡量避開那些待辦的家事勞務，不讓它們蠶食自己的休閒時光。

如果我們能夠各方面都少做一些，也少擁有一些，那麼我們或許能夠在這四十八小時之間獲得真正休息的感覺。既然你無法做全部的事情，就挑真正有意義的事情做吧！

女人天生勞碌命？週末家事忙不完

我們之所以會感到時間不夠用、緊張窘迫，是因為週末是一週當中我們可以處理大小家務事的唯一兩天。換作是我祖母當家的那個年代，這些家事雜務大概在平日就做完了（神不知鬼不覺地，但家人可能不會感激她）。

我想像一九四〇年代我爸爸還是小孩的時候，他的母親是全職主婦；趁他們兄弟姐妹去上學的期間，她一人在家就把家務搞定了。當然，他們這家子到了週末就不會有家務清單要完成、也不必進城東奔西跑去採買。不像我，有時週六早上我會把孩子通通叫過來，跟他們宣布：「好市多」。他們一聽到這三個字，馬上就用一種非常誇張、有如農場動物生產時的哀嚎聲抗議。這真的很好笑，但也很可悲。

如今，女性佔全美勞動力的百分之四十七，有小孩的婦女外出工作的比例則將近百分之七十。數十年來，這兩項數據不斷往上攀升。然而，即使投入許多時間在工作上，女性仍然肩負家中大部分的勞務。在皮尤研究中心二〇一二年的一份報告裡發現，美國母親花在無薪工作上的時間幾乎是父親的兩倍：她們每週花費三十一小時照顧孩子和家務，父親則花費十七個小時。（我不禁想起喜劇演員黃阿麗說過的一則笑話：「我才不要挺身前進，我只想躺在床上。」）這意味著父親擁有更多的空閒時間，他們也更能充分利用週末。週末期間，爸爸平均每天閒暇時間為五．五個小時，而職場媽媽則為四．三個小時。職業婦女在週末照顧孩子的時間或許變少了一點（從平日每天一．七個小時到週末的一．三個小時），但是週末兩天的總家務量則從平日每天的一．八小時，飆增到二．七個小時。所謂的「性別休閒差距」，指的正是這樣的男女不平等。

可悲的是，如此離譜的現實早已不是新鮮事。從歷史上看，除了《唐頓莊園》裡考利太伯爵夫人這類上流社會的有錢太太以外，多數女性從來沒有太多的休閒生活。用來反思或休息的自由時間，向來是男人才享有的特權——拜別人付出勞力所賜，而這個別人通常是指婦女。

女人一直以來都在工作：中世紀農村婦女的農耕、養雞養鴨、紡亞麻和織羊毛；城市婦女經營商店和旅館；就連貴族婦女也得幫著丈夫管理莊園。況且，無論處於哪種階層，女人總是持家的那個人。維多利亞時代或許把女人奉為「家中的天使」，是順從的家庭女神和全家人的道德核心，但多數維多利亞時代的女性依然得工作賺錢養家。

事實上，在一八五〇到一八七〇年代間，英國女性就業的比例曾一度達到高峰，直到二次世界大戰後才再次打破當時的記錄。換句話說，維多利亞時代中期有三分之一以上的勞工婦女賺錢養家，從事幫傭，或釀酒和洗衣這類的行業。在工業革命期間，女性則會到工廠當生產線作業員。

至於成天閒閒沒事、在大房子裡度過漫漫長日的「家庭主婦」形象，其實是近代才出現的，是戰後繁榮的產物。然而，現實世界裡根本看不到那種整日閒閒沒事的女人。在一九五〇年代的週六和週日兩天週末裡，婦女可能排滿了教會事務和家庭社交活動，包括自己娘家和公婆家都得打理好。由於家庭是生活的中心，新中產階級的婦女還得為了款待客人而採購和準備。因此，即使在週末，女性也很少「關機」。

看完以前的例子再回過頭看，現在的家務分工比以往任何時候都還要均衡。異性伴侶間正逐漸走向平等。儘管很慢；雖然還不到一人一半，但至少愈來愈接近。那麼，為何還有這麼多的婦女在週末時感到負擔過重呢？

當我問別人週末做什麼的時候，最常聽到的回答竟然是「家務事」，這讓我很驚訝。有個令人不悅的事實（有些人可能會說是陰謀），那就是：女性在一九八〇年代紛紛進入職場，減少在家的時間以後，教人如何持家的行業竟再度風行起來。瑪莎．史都華從當年紅至今日已有三十年之久，打造完美居家的壓力已經從雜誌轉到我們網上的訂閱消息。

從瑪莎．史都華到時尚網站GOOP，女性不斷受到「現代生活風格」的轟炸，驅使她們追求一個永遠不可達成的夢幻家居。據全國廣播公司（ＮＢＣ）「今日母親育兒網」的一則專欄發現，在七千名受訪的美國母親裡，有百分之四十二的人表示自己飽受極大的「Pinterest壓力」：擔心自己的家不如Pinterest上頭發布的完美家居照片。女性已經背負著工作和養兒育女的雙層重擔，如今家務事還成了第三層暴行：房子變成她們的牢籠，逼著她們精心裝飾和維持整潔。

顯然地，要讓女性擺脫這些壓力、拿回休閒時間，唯一最重要的辦法就是：讓男性多分攤一些家事、多放棄一些空閒時間。社會改革是關鍵所在，這樣才能讓婦女拿回她們在努力平衡工作和家庭之間所喪失的時間。這當中包括改善兒童保育的公共政策、施行更好的工作模式，例如「職務分擔（這才符合當今人們生活的實際現狀）」；如此一來，方能緩解多數家庭時間不夠用的問題。一旦我們的工作週獲得改善，我們的週末也會變好。

當然，還有另外一個比較簡單的治標方法：不讓家事佔用自己的時間。像我那位瑞典朋友艾美提絲，她從不在週末打掃，因為她的週末要用來體驗生活、而不是用來打掃。許多其他家庭會把打掃和家事拆解成一小塊、容易完成的任務，均攤到平日那五天完成。即使它們不見得符合性別平等的原則，我還是喜歡這些實用的技巧；至少這些方法感覺能實際幫我們拿回一些時間。

部落客艾琳．杜蘭德（Erin Doland）推崇「一天一室」的生活守則：「每天花半小時打掃一個房間，就不用在週末清理整間屋子。」如果你平日無法打掃，那就利用週末一小段時間清理（譬如說，週六上午九點到中午）。假如時間到了你還沒打掃完，就停下來別再繼續。其實，你的房子已經夠乾淨了。正如小說家露西．卡文迪許（Lucy Cavendish）接受BBC廣播《女性時間》訪問中，解釋自己為何將家務事減至最低：「有些人不能忍受普通的零亂，但我可以接受。我的房子並非我的城堡，它不等同於我。我可以理解為何整理房子能讓某些人有掌控的感覺。我也愛保持家裡整潔，但我不打算花好幾個小時去清理烤箱。試圖保持房子整潔，可能會害你變笨。畢竟人生太短暫，我寧可拿這些時間去看書或看電影。」

如果你有孩子，就等於有了幫手，那麼你下個週末就有辦法去看電影了。讓孩子分攤家務雜事，不僅可以減輕自己的負擔、偷回一些時間，同時也是很棒的教養方式。做家事有助於孩子發展自我控制和自力更生的能力；然而，根據二〇一四年的一項調查發現，雖然有百分之八十二的成人表示自己小時候經常做家務，但只有百分之二十八的人要求自己的孩子做家事。我們不想剝奪他們自給自足的能力，對吧？所以，當你把拖把交給孩子時，不妨將這樣的想法告訴他們吧！

另一種比較沒有那麼「悲慘灰姑娘」的方式就是：親子一同做家務。我有位朋友是個單親媽媽，每個星期六早上她都跟兒子一起度過：她兒子用吸塵器清理公寓，她擦拭家具；然後在她清理廚房時，她兒子就在一旁玩樂高。這只是個開始，畢竟他才七歲！全家人分工合作完成家裡的苦差事，不僅做起來沒那麼無聊，也把這樣的家庭價值傳達給每個人：「我們同心協心把這個地方變乾淨，讓所有人都住得舒服。」

孩子能做哪些家事，取決於他們的年紀和能力，但有些比較有趣的家事其實是親子高品質相處、寓勞動於玩樂的大好機會。幾年前，我先生打算在院子裡架設一道圍籬，當時我們四歲兒子就圍著工具腰帶、靜靜地站在一旁，每當我先生需要釘子時，他就一個一個遞給他。我們到現在都常開玩笑，說他站在那裡幫了好長時間的忙；還說他小小年紀就如此專注工作，而且十分自豪能夠跟父親合作無間。你說他年紀太小、不適合拿釘子嗎？或許吧！那他們父子是否也因此得到一個美好的下午呢？當然囉！

為了紀念那次的回憶，某個星期六，我叫米亞暫停「當個創世神」的遊戲，隨我走進零亂不堪的小後院。在拔雜草時她有些抱怨，我倆之間感覺十分疏遠。後來我們跑去園藝中心，我買了瓢蟲圖案的手套討她歡心，還讓她選擇自己喜歡的植物，種在後院灌木中間。我這個女兒個性很多元，並且喜歡很多東西，包括冰上曲棍球、倉鼠、獨角獸和放屁相關的笑話。她後來選擇了一株正在特價的漂亮盆栽：荷包牡丹，垂墜著一串串粉紅色的花苞。

我們回到家以後，太陽又大又曬，但是她似乎沒有注意到，只見她蹲在地上，挖了一個很深的洞。隨後，她抬起頭望著我，臉上沾著泥土，露齒一笑。剛開始本來只打算做一會兒的，誰知竟演變成一整個下午？我們把小小的花園圍成一圈，修剪過於茂盛的木槿枝葉，並拔除石頭縫裡冒出的蒲公英。我們並沒有太多的交談，但我們的身體十分親近。我們背靠著背互相摩蹭。

儘管那次事件的結局很灰暗：荷包牡丹枯死了，因為我們家的狗躺在它上面，而且我覺得當初我們可能也沒把它種好；但我仍舊記得那天下午：當時的寂靜以及皮膚曬到痛的感覺；還有最後當我們望著自己勞動成果時，我女兒那一臉的驕傲。

長照的付出與獲得

那些家中有親人年紀大、或生活無法完全自理的人，照顧他們經常是週末的主要重心。

多年來，我鄰居艾瑞克每週六週日都會花大部分時間開大老遠的車，到城市另一端探望他母親。他會陪她一起去看電影或上圖書館；或是陪著她到處辦事或去做頭髮。星期天，他們會一起上教堂。他後來結婚、有了孩子，而他母親也愈來愈老。外出並非那麼容易，但他每個週末都還是會去她那兒度過，而且經常帶著全家人一起去。他請了看護在家照顧她，發生緊急狀況會打電話通知，他就會親自過來處理；他可說是一個不折不扣的孝子。

幾年前，他母親過世了。一段日子過後的某個週末，我在街上碰見他，就（很白目地）問他多出那麼多空閒時間後有什麼感覺。他告訴我說：「我喜歡和她相處的時光，我當時應該花更多時間跟她相處的。」

艾瑞克很幸運，畢竟長期照護並非易事；有些與父母關係緊張的人，可能會把這種探訪視為義務和不公平。即使關係再怎麼好，久病床前也很難有孝子孝女。然而，每年大約有四千四百萬美國人向無完全行為能力的成年人提供無償照護，總時數累積高達三百七十億個小時。典型提供照護的人並非艾瑞克這類的男性，而是平均年齡四十六歲的職業婦女、每週得花費二十個小時照顧母親。她們耗費的不僅是大量的金錢和精神，連週末的時間也都一併賠了進去。

無論對於艾瑞克這樣的孝子、還是把事親視為義務的兒女，這兒有些方法可以保障自己有時間去從事其他的活動，例如：與其他兄弟姐妹輪流照護；如果你能負擔得起看護，就聘請一個。此外，在照護別人的同時，也要密切關注自己的健康，不讓自己身體或心理過勞。

然而，我所說的這些技巧和竅門，多數看護者可能早就耳熟能詳了。或許接下來的建議會比較有幫助：如果你覺得自己的週末因為照顧別人而縮水，不妨提醒自己「照顧別人可能會讓你的週末變得更有意義，進而賦予你人生更大的意義。」

范尼雲（Jean Vanier）是加拿大天主教哲學家，他把一生都奉獻給了智能障礙人士，為他們建立社區。二十多歲的時候，他探訪了巴黎南部郊區的一間精神病院，他看到令人震驚的景象：暴力和過度擁擠；病患毫無尊嚴可言。於是他在特羅斯利布勒伊這個小鎮的康比涅森林附近村莊裡買下一棟房子，帶著兩個病患搬進了那裡。這就是「方舟之家」的前身，如今已有一百四十七個方舟家庭遍布五個國家，由健康人與身心障礙人士同住一個屋簷底下，一起吃飯、一起生活，共同分攤日常生活的責任。

范尼雲寫了許多很棒的文章，探討自己跟那些他所謂「弱勢窮困人士」共同生活的意義。他曾寫道，花時間跟那些身心障礙人士相處，會改變我們的觀念，發掘出我們人性最好的的一面。照護是雙向的，不只改變受照護者，也改變了提供照護的人。他還寫道：「弱者會教導強者接受自己人生中的軟弱和不完美，並與它們和平共存。」

衰老和疾病或許醜陋、令人厭煩，我們只能盡可能多去忍受。然而，在我們還能忍受的時候，提供他人照護可以引出我們內心最美好的一面。同時，照護他人也改變了時間，把我們帶離一週以來的繁忙與紛擾，遠離「健康無障礙人」每日所經歷的匆忙步伐。

握住某個病人或獨居老人的手，你不會得到什麼、也不會消費什麼；你也沒有追求完美或渴望得到什麼的壓力。你只會感覺到，平日的焦慮獲得緩解。你會感到一股電流在你們握住的手之間流竄，此時此刻、臨在當下，共同慢慢享受眼前的時光。

極簡生活，讓人找回更多時間與空間

在電影《性、謊言、錄影帶》裡，放蕩不羈的大學友人葛拉翰回到故鄉，在他前室友的郊區豪宅裡，講述自己的「一把鑰匙」生活哲學。他解釋說，他所有的家當都在他的汽車裡。住在公寓的話，就代表兩把鑰匙；若擁有一份工作，則可能需要另一把鑰匙來開關門。他說：「買了東西，我又怕它們被偷，所以要鎖好。這樣的話，我又會多出好幾把鑰匙。但我只想擁有一把鑰匙，簡單乾脆。」

葛拉翰可說是「極簡主義運動」的精神先驅。極簡主義者捨棄自身的財產、擺脫象徵身分地位的物品，過著一個不看重「得到」的人生，只看重體驗、人際關係、以及——最重要的——時間。

由於沒有正式的註冊登記管道，所以很難知道北美有多少人自發過著極簡的生活。不過，從過去幾年間部落格和書籍分享的熱潮看來，轉而崇尚極簡生活的信徒應該很多。他們很享受擺脫束縛後的自由感受。像missminimalist.com這類的網站裡，有許多像凱特這樣以第一人稱描述的心得分享（她也有自己的極簡主義網站：cohesivehome.com）：

「我們摒棄過氣的夢想，放棄任何無益於我們生活價值、或跟我們家庭未來願景無關的活動或責任。柯克又開始演奏和寫歌，我也著手寫我的第一本兒童故事書，這是我們長久以來的夢想。然後，我們賣掉或送出大約百分之九十的財產，包括我們的第一套房子，並將我們一家四口的全部家當打包好，裝進一百八十公分高、三百六十公分長的U-Haul拖車。二〇一五年六月，我們開車橫跨美國追求全新的生活。

在這些網站上，你會發現大家分享的內容都有一些共通點：我們是薪水的奴隸；我們買了很多東西；擁有這些東西並沒有讓我們感到開心；我們擺脫掉物品；現在東西變少我們反而變得更加快樂。東西沒了，時間也失而復得。」

寇特妮．卡弗（Courtney Carver）是一位非常知名的極簡主義部落客，經營一個名為「以少造多」（Be More with Less）的極簡網站。二〇〇〇年代初期，她原本在猶他州鹽湖城從事高報酬的銷售工作。無論她賺多賺少，她很快就花個精光。後來她開始積欠信用卡費，並貸款支付額外的開銷。

她說：「我工作得愈辛苦，就愈覺得自己應該得到更多。我平日都工作到很晚和週末也照常加班，然後我會去血拼，讓自己感覺好過一點。我買東西只是為了讓自己開心。」然而，她還有個小孩要養，有棟郊區豪宅要顧，這使得她身心俱疲，開始出現偏頭痛和暈眩的毛病。即便如此，她也只是想著：「我沒有時間生病。」

二〇〇六年，她被診斷出罹患多發性硬化症。如今她視它為敲醒自己的一個警鐘。「我不認為壓力一定會導致多發性硬化症，但我相信它會加劇病情惡化；所以我必須去除壓力。」對她來說，這意味著要攤開自己的人生，徹底檢視壓力的來源。結果，最大的壓力來源是債務，她每天都會接到帳單催收電話和郵件。於是，她開始解決財務問題、整合債務、制定還款計畫。她開始從時間的角度去思考金錢，例如：一雙新鞋子不再是價值一百美元，而是價值十個小時。這樣一來，她馬上就失去購物的興致了。

更多的生活改變也隨之而來：某次開車、女兒坐在後座時，她因為查看手機而差點出車禍，從此她開車不再拿出手機。一上車，她就會把手機關掉，下班後和週末期間也保持關機。

她說：「根本沒有人注意到這件事。況且，我的銷售業績還變好了呢！我們以為自己必須忙碌、隨時待命，但如果我們少忙一點，通常也不會造成什麼不良後果。」

接著，她開始扔掉東西。他們大房子裡有很多東西，但是大部分都沒在用；而且在她還債時，這些東西就特別礙眼：「它們在提醒我們的債務以及不知足的心態。」於是，她把很多東西都送人，包括衣服，書籍和裝飾品。她房子裡有百分之八十的東西都清掉了，而且她說她一點都不懷念那些東西：「就連我最愛的攪拌器也不例外。」

「整理收納」是近來流行的一項活動，應運而生的有所謂的整理諮詢師，以及線上「整理收納挑戰」。專業整理顧問近藤麻理惠是帶動此一風潮的始祖；她的書《怦然心動的人生整理魔法》在全球賣出了數百萬本。對於需要整理的讀者，近藤教他們把各樣物品放在手中，看它是否能「激起幸福感受」；如果不能，就丟掉它。她採用某種神秘的方式，賦予物品模糊的（有時甚至是不祥的）靈性。她看出大多數人內心的不安：在充斥著廉價製造與一次性商品的時代，人們家中很容易就累積一堆東西。

不過，她要傳達的實際上是與時間相關的嚴厲警告：你沒有時間讀那些書，所以丟掉吧！你的相機老早就淘汰不用，它的使用手冊你根本不可能再看，丟掉！你打算等老了以後再來重溫的那盒相片和信件？少來了，你會看才怪！反諷地，這是一種苦行僧式、毫無樂趣的生活方式，甚至帶著些許傷感。如果有人覺得自己跟書籍心意相通，或是享受沉迷在閱讀舊信件的感覺，可能會認為近藤的做法不近人情，進而無法遵從她的指示。但毫無疑問地，她確實傳達出我們對於時間的深刻文化焦慮。

當寇特妮處理完家中大量物品後，接下來要處理的就是裝這些物品的容器——房子。她和先生把它賣了，從原本附車庫的五十六坪大房子，換到二十一坪的小房子。「搬家後六個月裡，每到週末我總會冒出這樣的念頭：『猜猜我週末不用做什麼？終於不用油漆圍籬了！』」

如今，他們的週末步調變得緩慢。她總會外出散步兩個小時，而且身上不帶電子設備。當她和家人吃晚飯時，她喜歡慢條斯理地用餐，每吃一口便放下叉子細細品味。套用一句流行的說法：這是一種正念的生活方式。而且，她的健康也獲得大幅改善。在她想要過的生活，以及實際過的生活之間，本來是有落差的，如今她把落差填平了。

今天是週末，請朋友來家裡作客，或跟家人好好吃頓飯吧！

我不知道自己是否曾正式受邀去麗茲和史考特家吃晚飯，但我倒是在他們家吃過很多次飯。通常情況是這樣的，因為星期六下午我人就已經那裡了，坐在他們家廚房的中島旁，後來麗茲就開始煮飯。很快地，夜幕降臨，我會喝點小酒，然後享用一盤食物；身邊還不時傳來孩子們嬉戲和狗叫的聲音。他們家沒有正式的餐桌，所以總是以自助餐形式吃飯。有時還會有其他夠幸運的客人留下來吃飯，有時就只有我和我的家人。他們家的晚餐向來十分美味，而且我看麗茲做起飯來毫不費力。不過，當我問麗茲如何做到時，她透露出一個方法，令我驚訝不已。

原來麗茲藉由宴請客人來解決孤獨感。幾年前她剛從卡爾加里搬來多倫多時，人生地不熟的，所以只要一結識新的朋友，她就會邀請他們來家裡吃飯。她說：「我基本上透過宴請客人結交朋友。它賦予我社交的本錢：一旦我請人家吃飯，他們就得回請我。」於是，她學了幾道美味招牌菜，並敞開大門。她母親向來就是個宴請達人，麗茲從她身上學到得到許多技巧。「她總是告訴我說，人們的要求沒有你想像中的複雜：他們只想在門口聽到你一聲溫暖問候；他們想要手上拿杯飲料；他們想要感覺你有點忙、又不會太忙。」她故意不設正式的餐桌，因為她覺得這會讓客人感到不安：「沒有人會希望自己用餐時被安排在牧師太太旁邊的座位。」

之所以會想起麗茲和史考特，是因為某個星期五、我們全家受邀到一位朋友家參加更正式的晚餐聚會（我有些朋友每週五都會主辦安息日晚宴）。這場晚宴總共有四道主菜，餐桌擺飾得十分高雅，就連我們喝的水都裝在一只水晶壺裡，那水壺真的會閃閃發亮。

他們其實沒有那麼講究正統：在我朋友的先生點燃蠟燭的同時（正統做法應該由房子的女主人來點，而且應該在太陽下山、整個世界讓暮色吞沒之後才點，而不是在日落前十八分鐘），象徵安息日的到來。接著我們做了簡短禱告，並傳下哈拉麵包（我的兒子立即大口吞下，我小聲地跟我先生說道：「他就像一個愛吃澱粉食物的無神論者」）。

不過，席間大家聊了很多別的事情，像是棒球、我們那位瘋狂的市長，還有工作。這些朋友是無可挑剔的主人：熱情且慷慨。在這裡吃晚餐的氛圍，跟麗茲家完全不同，但他們同樣也看起來毫不費力。吃完飯後，我們大人依舊圍坐在餐桌旁，孩子們則在房屋和院子間跑進跑出，蠟燭不時閃爍著。

與親朋好友一起吃飯是個古老的儀式。在古埃及，賓客頭上會戴著圓錐狀的香氛油塊，隨著他們用餐的同時，香氛油塊會融化，一整晚都會散發出美妙的香氣，這比帶來一瓶梅洛紅酒還更有創意。大家肩並著肩吃飯是一種社會行為：「伴侶（companion）」這個字源自拉丁文，原意是「跟你一起吃麵包的那個人」。我們圍坐桌子旁、地板或墊子上一起用餐，不僅是為了填飽肚子，也是為了友誼：充分滿足彼此生理和心理的需求。我們一起吃飯，是為了透過我們準備和分享的食物來傳播愛，將別人特別為我們做的食物吃下肚的同時，他們的愛也進入我們體內。

此外，我們何時吃東西跟我們的文化背景息息相關。從週末的用餐習俗更是能看出不同的文化背景，像猶太人有安息日、天主教徒星期五不吃肉——從這點可以看出他們跟新教徒的不同；像有些印度家庭在週一至週五吃麵包，週末則改吃米飯。

在我的成長過程裡，我們家並不會上教堂，但在星期天我們總會採用基督徒上完教會後的傳統：全家一起享用大餐。星期天晚上，我們全家人的晚餐會從廚房移到餐廳；而且通常不只我們一家四口，祖父母和一些親朋好友也會是座上賓。此時，唱片機會播放古典音樂，還有一些我們嬉皮家庭平日晚上看不到的擺設也紛紛出爐，像是布質餐墊、蠟燭等。星期天晚上，我們圍坐一起享用英式烤牛肉配約克郡布丁麵包，這正是傳統的「週日烤肉」晚餐：它起源於中世紀，是莊園主人每週日上完教會後賞賜給農奴的一餐飯。

在一九九四年英國《獨立報》的一篇專欄文章裡，美食評論家珍・傑克曼（Jane Jackman）重砲譴責這種家庭晚餐，說它是上流階層的產物，「把餐桌視為紀律的戰場以及匡正行為的工具」。有一點她說得沒錯：只要是餐宴，肯定有人不在受邀之列，宴請者有權決定誰能上桌、誰不能上桌。但民主的真相是每個人都還是吃到東西了：那些侍從照樣也會聚在一起吃晚飯。然而，在傑克曼繼續怒斥家人一起吃飯這件事時，她發表了一段超級令人震驚的聲明：「跟家人和朋友聚在一起吃飯，從過去大部分的歷史來看，本來就不適合人類。如今，它甚至不再符合我們的工作習慣。」

我不認為自己會想要生活在一個容許「工作習慣」涵蓋其他所有經驗的世界裡，尤其是最美妙的兩個經驗：吃東西、與其他人連結。但令人難過的是，傑克曼在一九九四年撰文時，還是有她的先見之明。畢竟二十年後的今天，我們比以前更少聚在一起吃飯；我們正變成一個站著吃飯的國家：不是靠著牆，就是靠在中島旁吃東西。餐桌的銷售量下降，餐盤也一樣乏人問津；美國人平均每五頓飯就有一頓是在汽車裡面解決的。工作和科技的習慣更使得跟親朋好友同桌悠閒吃晚飯這件事難上加難；不過，家人不一起吃飯會產生不良的影響。研究人員發現，每週與父母共進晚餐不到兩次的孩子，比起那些每週兩次跟父母吃晚餐的孩子，體重超重的機率有兩倍高。根據哥倫比亞大學「全國毒癮症及濫用藥物中心」的一項研究，每週五天以上與父母一起吃飯的孩子，在學校的表現比較好，而且濫用毒品和過度飲酒的機率也比較低。

我父母堅信週日共進晚餐十分重要。在我十六歲那年，某個星期天下午我到一個非常喜歡的男孩家裡做客。他的父母邀我留下來吃晚飯，於是我打電話回家問我媽，結果她一口回絕、語氣堅決地說：「今天是星期天，妳祖父母會來家裡吃飯。」我記得當時對著電話另一端大聲地說：「那又怎樣？」然後一路生悶氣回到家。

我無法理解的是：我向來酷炫的父母為什麼一下子變成令人掃興的保守中產階級？如今回過頭來看，我意識到那些星期天晚上，是我與祖父母熟稔的時機，而且有機會被迫聽哥哥講話、把他視為正常人，而非全身汗臭的討厭鬼。圍坐那張圓桌旁的時候，我會聽到父母談論政治，並且聊一些我們生活當中微不足道的小事情。這樣的夜晚很安靜，而且光線昏暗；在我們這個不重視儀式的家庭裡，它是極少數儀式中的一項，而且每週非做不可。我現在知道為什麼我母親要保護那樣的夜晚，因為它們是世俗孩子的第一個神聖體驗。

呼朋引伴可以很隨興，只要敞開大門跟冰箱

如今，我們不但比較少聚在一起吃飯，就連開派對的次數也變少了。在特定日子裡，美國人主辦和參加社交活動的數量一直持續下降：在二〇〇三年至二〇一四年間就下降了百分之四十八；其中，二十幾歲的人似乎對宴請客人這事尤其不感興趣。

二〇一五年，在《紐約時報》一篇名為〈派對之死〉的文章中，千禧世代抱怨，過高的租金和房價害他們窮到無法主辦派對。有些人則是擔心辦了之後沒人參加，因為在臉書邀請函上就算有一堆人回應「參加」，卻不見得保證一定有人出席。又或者他們擔心無法跟上最夯的流行美食文化，為了迎合客人期望，不得不準備有機葡萄酒和雲杉樹皮包裹的瓦西林金山乳酪。一名住在布魯克林區的二十七歲女子說，她和室友曾嘗試舉辦派對，最後放棄了：「我們認為吃力不討好，付出努力卻不值得。」

當然，把大家聚在一起吃飯，靠的就是努力。從電視烹飪節目和名人廚師的熱潮可以看出，人們其實有心想要善用我們頭腦裡某些遭忽略的部分（也就是長期使用電子設備令我們有心不在焉的傾向）。煮飯需要專注、正念、重視細節、謹小慎微。為賓客烹煮一桌特別餐點是需要時間的，而週末做這件事最適合不過了。

美食文化興起的好處，就是有愈來愈多的人認為預包裝食品對我們和對地球都不利。回歸

大自然食用真正的食物，不僅感覺更好，味道也更好。對某些人來說，做出五道主餐、「從頭到尾（nose-to-tail）」、農場直送的一桌理想晚宴，是非常愉悅的。但對其他某些人來說，這是壓力的來源，或者更糟糕的是讓人畏懼、根本不敢嘗試的。

麗茲和我都對「週末廚師」的做法感到不屑，他們是一群只在週末做飯的人，一邊看著教學短片和彩色食譜一邊烹煮。這種表演式的烹飪就像一個人獨撐一整集的《廚神當道》，因此得花費一整個星期六的時間（還要花一整個星期天清理——或許這該是另一半的責任）。

下廚有很多的樂趣，不該一心只在乎最後的結果。麗茲認為，廚房愈大，廚師就愈糟；她堅持愈簡單愈好。她說：「你所需要的只是一雙如爵士樂演奏者的巧手，其他一切都是基本的。」譬如一罐普通的辣椒，在加入櫻桃瑪格麗特雞尾酒後，味道就變得豐富起來。我曾照麗茲的做法，特別將這兩樣東西組合在一起。我跟你們說，味道真不是蓋的！辣椒的嗆味幾乎不見了，搭配法式酸奶油和烤玉米餅真是絕配。至今，我仍記得瑪格麗特酒的香味。好一雙爵士巧手呀！

關於那樣的晚餐，我最喜歡的一點應該是它的即席創作。我們不事先計劃好，出來的就是一盤驚喜；感覺就像小時候，隔壁鄰居好友突然跑到你家，一臉賊呼呼的表情說要找你出去玩。你不知道等下會發生什麼事，但你知道今天肯定會是美好的一天。

根據華盛頓大學奧林商學院的一項研究指出，事先安排休閒活動會改變我們體驗它們的方式：如果把某項活動的日期和時間訂好，不容更動，那麼它就會變得更像家事、更像工作，而不是休閒。

我喜歡邀請人，但是當日曆裡塞滿行程，寶貴的週末時間全排滿晚餐和宴請親友的話，就會變成一種壓力。也許我們宴請客人的次數之所以變少，是因為我們太愛事先安排，把工作上的習慣也帶到週末來了。換句話說，在我們私人時間裡事先安排碰面或約會，等於是現代工作場所裡「目標取向」和「里程碑式」思維的翻版。

這種過度計劃到底是出於什麼樣的動機？記者奧利佛・伯爾克曼（Oliver Burkeman）在其著作《樂觀病》（*The Antidote*）裡做出這樣的回答：出於對未知事物的焦慮感。如果我們替每時每刻都做好規劃，那麼我們就可以戰勝對未知未來的恐懼。關於目標設定與過度計劃，他寫道：「我們比過往更積極花時間規劃自己未來想要的願景；這麼做不是因為它會幫助我們達成目標，而是因為它有助於擺脫我們現在的不確定感。」

然而，這些規畫往往只會讓我們產生更大的壓力。來一場沒有計畫的週末，是為了擁抱人生的不確定性，無需抗拒它。你很難事先安排樂趣，但很容易偶然發現它。別再管什麼完美派對，還是無可挑剔的晚餐。敞開大門，還有冰箱門；最好的週末是靈活隨興的。

練運動，學才藝，連孩子的假日都行程滿檔

跟許多人一樣，我住在一個會讓孩子生活裡排滿活動的城市。從孩子出生的那一刻起，精明的營銷人員就一路提供新手父母「從搖籃到研究所」的各種選擇：嬰兒瑜伽；幼兒莎莎舞；動畫課程；青少年程式編碼課。至於運動的選項，不僅是人人皆可參加的地區聯盟，還有更高層級的「精英」或「代表隊」。各式各樣的課程，只要你想要，就能找到老師教。

在郊區和偏鄉社區，活動選擇清單可能不像我們市中心那麼花俏多樣，但那裡的孩子依舊很忙。一項調查發現，國小三到五年級的美國郊區學童，有超過一半的人參加三個以上的球隊。體育運動通常是一件好事，它教導孩子團隊精神和運動技能，並有助於降低肥胖率、讓孩子不會成天只抱著電子設備過活。然而，體育運動，以及其他所有課外活動，都會改變一個家庭一星期的既有樣貌。父母開車接送孩子上下課，坐在體育場邊或舞蹈教室角落，這樣的週末岌岌可危。

克里斯蒂娜有個五歲的女兒；她和先生都在多倫多的媒體界工作，常會加班到很晚。由於他倆工作的關係，他們平日晚上不能幫女兒安排課程，只能把活動全集中在週末。他們盡可能安排得簡單：週六跳舞，週日游泳。游泳是一項生存技能，就跟綁鞋帶一樣，非學不可。但對於一個五歲孩子來說，單單一個活動就能夠用掉一整天的時間（是因為緊身衣的問題。幼兒緊身衣到底是在哪個遙遠星球發明的呀？）。到了週日晚上，這家人全都筋疲力盡了。所以，去

年夏天他們決定不上暑假的舞蹈課，從而發現更美好的週末型態：睡懶覺、沒有計畫、發懶的午後。如此一來，週日晚上克里斯蒂娜就不再感到那麼累了。

然後秋天來了，克里斯蒂娜問她女兒是否還想跳舞，她女兒答：「想！」。但恢復行程滿檔的週末才不到幾星期，她女兒便開始抱怨。「她原話是這麼說的：『我都不像其他孩子有週末可過！我連一整天什麼事都不用做的時間都沒有。』於是我開始和她爭辯：「明明是妳自己要求要回去跳舞的！」當時我心裡就在想：『我可是為妳這堂舞蹈課付了三百加幣欸！』但這是我的問題。她只知道自己沒有一整天的休息時間，況且她才五歲。一想到這裡，我就冷靜下來了。我的直覺是：這太離譜了，我們別再吵了。」

克里斯蒂娜說，她還是不敵「貪小便宜的心理」，讓女兒乖乖把那期的舞蹈課上完。我倒不認為她愛貪小便宜（不願白白浪費三百加幣是正常反應），但她分享的這件事情引發出一個實際的問題：我們有必要在週末把孩子送去上課或參加運動嗎？沒錯，對於我們這些有幸負擔得起的父母來說，現在的確有許多很棒的選擇。在我小的時候，才沒有電影製作課或女生搖滾營呢！我們通常週末參加一項運動，星期一上鋼琴課——這是一九八〇年代多數小孩常見的行程安排，而且我們大部分的人到中學時就放棄了其中一個、甚至兩個。

然而，儘管排滿活動的生活看似很棒，它們背後似乎通常源自一個黑暗又投機的想法：我們擔心孩子的未來沒有希望，怕他們在全球競爭下沒有出頭的機會。當然，學習法文合唱的話，肯定有助於孩子面臨即將到來的經濟崩盤！《受壓迫的孩子》（*The Pressured Child*）一書作者暨臨床心理學家邁克爾・湯普遜（Michael Thompson）曾經說過：「在我成長過程裡，因為中國的小孩沒飯吃，父母會要求我們乖乖把盤裡的食物吃光。如今，因為中國的小孩都在學小提琴，父母則要求孩子們乖乖把樂器練好。」

大量研究指出，孩子行程滿檔會帶來負面影響。其實我們本來就知道，沒有時間發懶放鬆的孩子，容易產生壓力和焦慮，還會害他們的創造本能遭到扼殺。湯普森坦承，沒有人確切知道正常充實行程、以及讓孩子倍感壓力的過度規畫行程之間的那條分界線究竟在哪裡。但是，如果連我們大人也為了孩子行程奔波而感到疲憊不堪的話，那應該就是分界線所在了。

幾年前，米亞有機會成為精英足球隊員；我們問她想不想參加徵選。當她回答「要」的時候，我一方面覺得這會害我們的時間被卡得死死的；另一方面，我當然也暗自欣喜（她很自動自發欸！）。更令我欣喜的是，她徵選上了（一個明星誕生了！）。然而，幾個月之後，我看到精英足球隊現實的一面。它不但花費大量時間，而且常要佔用週末去遙遠的外縣市比賽，賽前還得額外練習。

最後一次練習是在九月下旬已經開學後的某個平日晚間，此時距賽季結束早已很久了，每個人似乎都很疲憊。嗯，至少父母們都累壞了。在黑暗中，女孩們在球場上圍坐一圈，吃著某位媽媽（不是我）帶來的粉紅杯子蛋糕。一如既往地，父母們都在球場邊上徘徊等候。一位父親問我，米亞冬天時會不會改踢室內足球。我告訴他不會，因為學期間她主要打曲棍球，而我們試圖讓她一季只參加一個項目。他聽完後一臉驚慌地說：「難道妳不擔心她會落後嗎？」落後什麼東西呢？我心想。

雖然我非常愛我的女兒，但說實在，我不相信未來足球會成為她的專業，我只希望（也希望它能成真）足球能夠成為她終其一生的愛好，可以跟一群朋友共享的活動。然而，許多父母其實懷抱著幻想，認為每個週末待在球場或溜冰場旁的時間是一種投資，總有一天會得到回報。

根據全國公共廣播電台聯合羅伯伍強森基金會和哈佛公共衛生學院所做的一項民意測驗，那些子女參加高中體育運動的美國父母裡，有百分之二十六的人其實希望自己的孩子有朝一日能夠成為職業隊員。其中，家庭年收入低於五萬美元的父母，達到百分之三十九。事實上，你家那位才華橫溢的高中運動員成為職業隊員的機率是微乎其微的：每二千四百五十一名高中男子籃球隊員裡，只有一人最終會被選進ＮＢＡ。

教練們都知道，當父母聽到這麼低的機率時，他們不會想：「我們退出吧！」，而是會想：「呃，我們讓孩子早一點開始、多努力一點吧！」一萬小時定律不是說了嗎？要變成某個領域的專家，必須先投入一萬個小時「全力以赴的練習」。這是葛拉威爾在《異數》裡提出的一套理論，也是向來讓父母受盡折磨的源頭。週日站在溜冰場邊時，我可以感受到其他父母內心潛藏這樣的想法。

許多人為文指出，當今大學生的焦慮感愈來愈強、創造力愈來愈少。這些孩子多年來由「直昇機父母」陪伴度過忙碌的生活，等他們上大學之後，幾乎無法照顧好自己。當他們成天忙著一個又一個的活動，他們又怎麼會有時間陶冶自己的身心，養成這些基本的生存技能呢？

當然，沒有人希望自己的孩子因為生活無所事事深感無聊，轉而吸毒或變壞。父母為孩子安排這些活動都是用心良苦，至少能讓他們遠離街頭不學壞。但如果不讓孩子體驗無聊是何物，那就做得太過火了。無聊有著極大的威力；它可能觸發創意的頓悟，甚至可能拯救社會。

根據利墨里克大學一項研究論文的分析，無聊的人可能會轉成「利社會」人士，開始從事無私的利他活動，並體諒他人的需要。換句話說，當人們感到無聊、覺得自己所做所為毫無意義，就會產生捐血以及捐錢給慈善機構的動力，去做一些有意義的事情。

別忘了無聊曾賦予你的至高無上的魔力！還記得在青春歲月時，漫長又無聊的星期天裡，你曾經冒出的一堆古怪想法嗎？在閒閒沒事、腦袋放空的時候，你發現了某些獨特的想法，那種完完全全原創於你的想法，不是父母、也不是老師告訴你的二手資訊。無聊可能會很痛苦，但它強迫我們獨立且自力更生。無聊讓孩子們搭上公車、跑去公園，並且讓他們拿起相機、畫筆和鍾子。無聊能夠把自我從陰暗中哄騙出來。

然而，無聊需要沒有排定行程的空檔。那麼，在這裡我給那些壓力滿檔的家庭提供一個建議，好讓他們重拾週末；其實就是一段大家耳熟能詳的疊句：少做點。少做點。少做點。

用心當父母，也別忘了做自己

住在澳洲雪梨的瑪格麗特．拉芙蒂決定停止這種瘋狂的行為。她有一份全職工作，還有三個小孩（其中一個已經上大學了）；十年來，她每個週末的時間都花在接送三個小孩去運動上。她偶爾也會給予指導；還會替大家準備柳橙切片。就這樣，週末就沒了。她說：「我開始意識到，自己根本沒有生活可言。」

當足球賽季結束時，有一個月的停賽時間讓生活的步調得以放慢。這段期間內，瑪格麗特和她先生的壓力變小了，她的孩子似乎也得到更充分的休息。就在那個月快結束、新賽季即將到來之際，她和先生聊到這個月過得很棒，突然間，他們就冒出了這樣的念頭：「要是那個的話……？」

他們討論要不要結束體育活動，並問孩子的意見。令她驚訝的是，他們居然可以接受。於是，她就讓他們退出了；並且寫了一篇名為〈為什麼我的孩子不參加有組織的體育活動〉的部落格文章。她隨即收到一些攻擊的郵件，怒斥她的決定既自私又不公平。她回憶道：「有人批評我說，我們這樣的父母就應該為澳洲在奧運會上的差勁表現負責任。」不過，她還是會不時詢問孩子的意願，只是他們都一再表示不想再回去踢足球。

同時，他們的週末樣貌也改變了。「我們家在鄉下有一間小小的房子，但我們很少去，因為一年裡有六個月的時間，孩子們每個週末都排滿了運動。將體育活動從我們的行事曆上刪除，意味著我們每個月可以回去一次。孩子們可以在農場上嬉戲，去溪邊玩耍，他們終於可以從事這些之前沒空體驗的傳統童年活動。」

她坦承，剛開始時，她把整理家裡視為週末首要大事，總是花很多時間認真打掃房子。但後來，她有了自己想做的事情，那跟她的愛好有關。於是，她開始訓練半程馬拉松，並研究她的家譜，而她最小的二個孩子也跟她一起探索；她先生也開始有時間跑步和游泳。

至於她的孩子，他們的生活十分充實。在週末的自由發揮空間裡，他們開始各自追尋自己的喜好，過自己想要的童年。有一個兒子沉迷於漫畫書，另一個兒子則沉浸在音樂當中；如今他們有了自發做事情的動力，用不著別人督促。

她說：「他們不再等著我替他們規劃行程。」不過，「放手」是當今父母愈來愈害怕做的事情。瑪格麗特告訴我說：「因為父母擔心這樣做的話，他們的孩子到最後就變成一個只會成天打電動的失敗者。這些都是老掉牙的說法，其實結果不見得會變成那樣的。你愈是努力想讓自己的孩子符合這個社會公認應該做、應該達到的成就，他們就愈不可能在這個世界上脫穎而出，找到自己獨特的風格和技能，進而邁向成功。」

有趣的是，為了培養孩子豐富且獨特的經驗，最後反倒讓每個孩子的童年都大同小異。換句話說，若父母成天替孩子排滿各式各樣的行程，每個人的童年就像一個模子印出來的，缺乏原創性，而這不正是父母們避之惟恐不及的結果嗎？

不過，就算不可能做到全面撤退，至少偶爾在週末宣布「休息日」也會帶來益處的。可是我就很不擅長這種事情，不像我先生：某個星期六一早醒來，他就突然要求「休息日」，管它什麼課程、練習、還是比賽，全都不鳥它們！當然，如果孩子不想休息，我們就不會這樣做；或是當天有一場非去不可、不去會造成別人困擾的重要比賽。

我多麼想要生活在一個十歲小孩可以隨心所欲跟家人一起健行，而不必擔心錯過地區聯盟曲棍球賽的地方呀！不過，容我叛逆地說：他們會錯過什麼？難不成他們不上舞蹈課，就會錯過密鑰傳遞給宇宙的時機嗎？事實上，他們可能不會錯過太多事情，因為同樣的活動下禮拜依舊會在那裡。一整年內其他所有的星期六，他們都全心投入這些活動，現在他們只不過要學點別的東西：彈性；休閒；時間敞開後的感覺。在這種情況下，什麼事都可能發生。

在一次全國公共廣播電台的採訪中，湯姆．漢克斯講了一個超級好笑的故事，是關於大家熟知的一九六〇年代壞教養父母榜樣，這也是許多成長於六十、七十年代「離婚世代」孩童所經歷的典型良性忽視：

「高中時我有一次得了感冒，就在朋友家待了兩個星期。當我終於回家後，我父親說：『你去哪裡了？』我說：『哦，我感冒了，我都住在柯克他家。』他又說：『我就知道你會照顧好自己。』這些父母就是徹底的自由派，他們並非惡意漠視孩子，實在是因為他們忙著做別的事情……。正是因為那樣的注意力缺失，才造就了今日的我。」

從那時起，這種文化徹底一百八十度轉向「親密育兒」，做父母的大多都被告知，說我們有必要在週末彌補親子相處的時間。對於父母來說，這樣會造成堆積如山、消化不了的期望，唯一可能的結果就是失望。

住在布魯克林的米蘭達是一名雜誌編輯，她先生是個在曼哈頓工作的律師。每到星期五，週末的承諾就會讓她滿心激昂；但到了星期天，她卻只剩下沮喪的感覺，覺得自己沒有實現承諾。

她說：「我希望能夠完成房屋一大部分的修繕工程，進行一場重大的文化洗禮，並且有空陪孩子重溫幼時共同經歷的創意活動。這樣的週末存在很大的矛盾：我一方面抱持美國人特有的DIY天性，希望什麼事都自己自己來；一方面又同時希望週末能夠無下限地盡情發懶，沒有時間壓力。這樣的話，我肯定永遠無法兩者兼顧。」

週末的高期望讓每個人都吃足了苦頭；但對於職場父母而言，週末兩個整天可能都在為過去一週來的缺席（精神上和身體上都有）而道歉。多倫多大學的社會學家史考特．施曼（Scott Schieman）正針對雙薪家庭中的親子關係進行一項長期研究，探索工作與家庭交互關係中的壓力因素。他說：「其中一項有趣的發現是，當人們覺得自己沒有足夠時間陪孩子一起時，是引發他們焦慮、緊張或沮喪的最大成因之一。人們都非常懷念昔日週末受到保障的美好時光。」

然而，要我們如此快速地轉換身分，從工作的角色轉變為父母的角色，實在太累人了。週一到週五讓我們倍感壓力的競爭需求（工作本身和人際關係），並不會因為週六的來臨就消失無蹤。到頭來，我們會覺得自己什麼角色都沒扮演好，所以無論在哪個角色裡，我們始終都感到不自在。

米蘭達試圖找到一些可以跟孩子一起做的事情；關於這點，她做得很成功。他們去高線公園製作紙蝴蝶；去大都會博物館參觀馬諦斯的剪紙藝術展；週六一大早還會去農貿市場買新鮮雞蛋……所有這些家庭儀式都帶來了歡樂。然而，當每個人太累、提不起勁出門而留在家裡時，她則對留白的時間深感內疚：一名好的母親就該隨時隨地營造孩子美好的童年，不是嗎？

現實情況是，一家人不可能每個週末都聚在一起，但我們卻努力去做，結果就是把自己累得半死。在馬里蘭大學一項針對過去四十年來女性進入勞動市場的研究裡，研究人員起初以為婦女和孩子相處的時間會大幅銳減，但令他們驚訝的是，結果並非如此。他們發現，今日的職場母親陪伴孩子的時間，與四十年前的婦女不相上下，儘管當時只有一小部分女性擁有全職工作。因此，女性放棄掉的是睡眠和休閒的時間；她們正在經歷「休閒赤字」：減少自己的樂趣，以便有更多時間和孩子相處。

然而，這麼做是為了什麼呢？研究人員仔細查看受測者每日記述的內容後發現，當孩子介於三至十一歲之間時，母親與他們相處的時間多寡可能沒那麼重要。就算花更多時間相處，也不會真正影響孩子的學業成績或心理健康。（有趣的是，花更多時間陪同青少年孩子的母親，則可能產生更正面的效果，像是降低他們吸煙、飲酒和性行為的比例）。

梅麗莎．米爾凱教授和同事們寫道：「母親與孩子互動的品質好壞，如溫暖、敏感或專注，或許比母親與孩子共度多少時間還來得重要。」但你們知道嗎？過度勞累和心事重重的父母就算人在孩子身邊，心思也常常不在場。那些自覺育兒有方的職場母親，說自己放棄成為一位「密集關注」的母親（即替孩子排滿行程的直升機母親），而試著改做一個「關注大方向」的母親，看重孩子整體的身心健康，但不見得無時無刻都要陪在他們身邊。

我喜歡這種著重大局的想法：我的孩子是否受到關愛？他們是否投入這個世界？如果我每個星期六都陪他們練習足球，而不是每隔三個星期才去一次，他們難道就會感受到我更多的愛和參與感嗎？

然而，這樣的大局是需要保護的。隨著孩子年齡漸長，這會變得愈來愈容易，但其實你本來就不必每次練習和比賽都陪在他們身邊。你可以……嗯……直接走人呀！當孩子做他們事情的時候，你也可以做自己的事情，像是隨身帶本書，或是出去散散步。學著說出這句話：「我兩小時後再來接你。」事實上，你還可以教會他們搭乘公共交通工具，如此一來，你又多賺回一個小時。

像我兒子十歲時，我們就教他如何搭乘路面電車和地鐵去棒球場。我們在便利商店給他買了一部便宜的預付卡手機（像《火線重案組》裡的那種），就讓他出門了。如今，他已經十二歲，自己搭電車上下學，而且整個城市的地鐵圖他都瞭若指掌。這正是心理學家所說的「自我效能」；我們稱它為自信、快樂的孩子。我們相信（蒙上天保佑），等幾年後他進入這個社會時，就算獨自一人也能游刃有餘。

當然，假如你眼前面對的是一個淚眼汪汪的十二歲孩子，你肯定很難堅定勢必要保護家庭週末的意念吧！

秋天快到時，我兒子跟我們說他想要打精英曲棍球。他眼睛睜著大大地說：「拜託！」（他居然說了「拜託」欸！）加入這個更進階的比賽，意味著要在每週兩場比賽的基礎上，再加上兩場比賽或練習（或是各兩場）。

況且，額外多出的這些比賽會在城市北邊舉行，而且是在放學後的晚上、得在交通尖峰時段開四十五分鐘的車程才會抵達。外加偶爾在週末舉行的比賽；還有額外得支付七百加幣。我們已經支付五百加幣了，但對那些真正投入曲棍球的家長來說，這其實已經算便宜的了。在多倫多，參加ＡＡ級別的兒童曲棍球賽，一個家庭每年就得花上至少二萬加幣，用來支付學費、裝備、錦標賽和技能強化課程。

在裘德跟我們求情的當下，我腦中立刻想到我們熟識的一家人，他們在凌晨五點起床，勞途奔波把家中三個孩子送到城市三處不同的溜冰場。儘管如此，朱利安和我還是點著頭低聲說：「我們會考慮的。」

當我們兒子離開廚房後，我倆看著對方歎了口氣。這的確並不完全違反我們「一季只參加一項體育活動」的規則。在女兒參加精英足球賽之前，我們一直讓兩個孩子留在地區聯盟，參加每週一、二個一小時長的比賽，感覺上我們還應付得來。

我們家的狀況跟澳洲的拉芙蒂不一樣，對我們來說最棘手的部分在於：袞德熱愛曲棍球。幾個星期以來，他總是虔誠地穿著一件蒙特婁加拿大人冰上曲棍球隊的襯衫（明明尺寸太小穿不下，而且縫線處都快繃開了），胸前還破了個大洞，穿上它彷彿在哀悼史磅（P. K. Subban）被球隊交易掉的遺憾。他還收集了一大堆曲棍球卡，每次在整理集卡簿時，他總是花好幾個小時重新排列球卡。他是因為最近自己表現變好，才考慮參加精英賽的。我剛才有沒有提到他求情時還說了「拜託」？

所以我先生帶他去參加選拔。他看起來表現不錯，頗具競爭力，朱利安也說他為兒子感到自豪。

我們夫妻倆討論了許久，而且十分糾結，試圖找到兩者之間的平衡點：他對比賽的熱忱與喜愛，以及我們一家人的週末美好藍圖。容我插一句話：我知道這純粹是「第一世界國家的問題」，有些小題大作。然而，我們即將要傷害兒子心靈的這件事，對我們來說可一點都不是小問題呀！

回到廚房後，裘德斜倚著牆，我們夫妻倆則是來回踱步。朱利安告訴他：「你母親過去這一年在寫一本關於週末的書，我們都同意希望我們一家人的週末是開放的。至少兩天中有一天是開放的。你現在升上高年級，功課會變多，也會開始對別的事情感到興趣。但如果每週有四天空閒時間都讓曲棍球給佔據，你就沒有空檔留給其他事情了。」

就在這時候，裘德的眼睛開始湧出淚水。「是因為錢的關係嗎？」他平靜地問道。

朱利安說：「目前這對我們來說的確是一大筆錢，但不只是這樣，主要是時間的關係。我們希望能夠更隨性地做事情；如果星期天的行程是開放的，或許哪一天我們可以去滑雪……。」

我馬上尖聲插話：「或者去散步！」（我很不會滑雪。）

「嗯，或者去散步。關鍵是，我們必須做出選擇。此時此刻，身為父母的我們認為，選擇維持週末的開放性更加重要。」

我實在不知該如何面對一個哭喪著臉的孩子，於是開始胡亂閒扯：「如果你還想打曲棍球，你可以在週末玩簡式曲棍球賽；或者我們可以全家一起去博物館；或者在家發懶，什麼都不做。」講到最後一句，他才終於振奮了一點。

精英球隊的事件持續了好幾個星期，但在我寫這段文字的此時，我們家正處於多年來第一個擁有一整天開放時間的週末前夕：第一個正式排除小孩活動的星期日。我們的兒子了解到，有時我們家人的需要——整體的需要，比起個人（他本身）的需要還來得重要。反正總有一天我們要傳達給他這樣的觀念；而現在就是那一天。

附加的獎勵就是，我們拿回了週末。嗯，只拿回了一半。但至少這是個開始。

拒絕被課業綁架的假日

前陣子，兩個兒女就讀中學的母親跟我抱怨，說她週末要做好多功課。我問：「呀！你回學校上課了嗎？」她搖頭說不。於是我接著說，「好消息！那你根本沒有功課要做嘛！」我想，她應該覺得我在故意氣她吧！

但我那句話是認真的：那些所有功課，而且是很多的功課，本來就不是你的。這意味著你不必做；如此一來，你又可以拿回幾小時的時間。

沒錯，星期日下午，你的孩子偶爾會需要你幫忙完成作業，或只是需要你的指導。然而，父母和孩子像同輩般坐在一起寫代數和公民作業的這種風氣，實在太誇張了。這麼做等於剝奪孩子學習的權利，還會令他們對自己的技能和學術成就深感焦慮。此外，它還剝奪了孩子解決問題和管理自己時間的機會；讓教師無法得知他們的學習水平。更何況，它還是個週末殺手。

下個週末，不妨用你孩子最希望聽到的一句話來告訴你自己：「別管作業了，好好去玩吧！」

——第六章——

大自然與藝術的療癒力

週末若是失去了「美」這件事，就很難稱得上是週末。

這並不意味到當地博物館舉辦的熱門展覽大排長龍（儘管展覽可能非常酷）；美麗可以在花園裡、建築物上頭，以及公共雕塑之中。我們不必抱著非回答「美是什麼？」的心理負擔去看待它；我們其實是透過某種感官記憶在認識美的。

某時某地，某一首歌可能讓你不禁落淚；某一張照片可能讓你沉思許久。也許那是一首非常難聽的歌；也許是由「米利瓦尼利二人組」或是「二十一名飛員樂團」演唱的。也許那張照片裡是一個泛著詭異光環的橙色月亮。總之，某些事情產生了變化，開啟了我們的內在，而這正是我們週末應該追尋的感覺。

近代愛爾蘭詩人約翰．奧多諾赫（John O'Donohue）認為我們天生就懂得美，他寫道：「在我們滑進美麗的當下，就像滑進水中，任由它全然擁抱自己一樣的輕鬆；我們內心某個古老的想法深信，這樣的擁抱能夠撐住我們。」美是一種慰藉；撫慰我們日常生活的辛勞、我們犯下的錯誤以及沉重的負擔。

也許此時的你會想：「小姐，可我住的地方看不到美麗呀！」然而，每個人都有機會體驗大自然和藝術的美，只是角度有所不同；可能只需要多費神觀察、換個視角再看一下。有些人認為滑水或跳傘時看到的景色才叫做大自然，但即使住在再繁華市中心的居民，不出半小時路程也能與樹木近身接觸。要知道，與大自然親近可以增加幸福感，並且舒緩我們的身心。

身心的放鬆不僅來自藝術的體驗，也來自於藝術的創作。在一項實驗中，三十九名成人拿到一套學齡前兒童用的藝術工具，包括鉛筆、膠水和黏土。經過四十五分鐘的手工藝創作後，百分之七十五的受測者的皮質醇水平——也就是壓力指標，明顯下降。這些人都不是藝術家，也沒有人會買他們的塗鴉。但作品本身的品質似乎並不重要，真正重要的在於創作的行為，它可以改變你的感受。

「敬畏」是聯繫藝術與大自然的東西，有了它，我們便能夠打破一星期的單調節奏。根據研究人員達契爾．克特納和喬納森．海伊特的說法，「敬畏」這種情緒往往受到忽視，但它是一種「幾乎超脫樂趣、快要接近恐懼」的感受。敬畏裡頭包含兩種體驗：浩瀚和順應。在體驗浩瀚時，我們覺察到某些東西比我們更偉大，如瀑布、龍捲風、小孩誕生。順應的過程則是我們將這種浩瀚的認知與我們目前的心理結構同化，進而理解並適應它。

就像志工服務可以創造出時間變多的感覺一樣，體驗敬畏也是如此，它或許是讓我們週末時間變多的另一種方式。在史丹佛大學研究員正在進行的一篇論文裡，說明了「敬畏」如何讓人停留在當下：「敬畏的體驗會把人拉回當下，因此敬畏能夠調整我們對於時間的感知，影響決策，並且讓生活更令人滿意。」所以，如果你會說出「我週末沒有時間追尋美麗」的話，你更要去追尋它；這樣一來，你真的可能會拿回一些時間哦！

我們都罹患「大自然缺失症」

我是一隻城市老鼠，或者從更準確的生理結構來說，我是一隻一百八十二公分高的城市長頸鹿。我可以輕鬆征服每個國家地區的地鐵系統，但當我腳下踏的不是水泥地時，我就會變得笨拙。

每次健行時，我常會不小心踩進泥土凹槽而跌倒，不像那些自然主義者天生就自帶雷達而繞過它們。經過水坑時，我總是小心翼翼走過，深怕滑倒。我不但走得慢，而且大家都知道，我就算去普通陡峭的小山，下坡時也如螃蟹橫著走路，擔心自己會滾落而摔斷脊椎。當我小孩身手敏捷從我身旁跳過去時，他們總是咯咯笑個不停。

但儘管我跟大自然八字不合，我依然熱愛著它。我喜歡螃蟹橫走後，沾滿泥濘的雙手；我渴望清新空氣和寧靜，並且常會長距離走路和跑步——通常選擇樹多的地方。這或許是懷舊情緒在起作用，懷念以前我身體和心靈還沒那麼城市化和脆弱的時代。

當我十五歲、還是個哥特式打扮的陰鬱少女時，樹木拯救了我。在十年級時，我突發奇想，報名參加某個為期一年的戶外教育計畫，就是公立學校版的「拓展訓練」。當時只見我父親揚起眉毛問說：「真的？妳真的要參加嗎？」但那時的我充滿好奇和無聊，這兩樣東西加在一起，正是讓多數人做出人生重大決定的最佳公式。

我們班上一共有三十個人，先是利用一學期把所有學科上完，接著花四個月的時間去英屬哥倫比亞省的某些地方旅行。我之前只在地圖上看過它們。我們睡在雪洞裡；划獨木舟歷經好多條河流，整整十天都沒有跟外界接觸；我們還在雪崩好發地區越野滑雪。我不再悶悶不樂，身心極限不斷受到挑戰，一次又一次地感到驚訝和奇妙。

在一次獨木舟旅行中，兩名女孩的船晃到瀑布邊緣，差一點就沒命了。她們只得努力划槳前行，後來居然光靠她們的雙臂遠離激流，相當於把陷入流沙裡的巨石給推回來。我們其他人在平靜水域看到這幕超人般的壯舉，紛紛癱坐在自己的獨木舟裡，屏住呼吸不發一語，根本無心欣賞周圍的美景。

對那次計畫裡的多數孩子來說，那一年的經歷奠定了我們與大自然之間的終身連結：許多人長大後變成環保律師和社運人士；有一位成為知名的自然攝影師；還有一位成了自然療法者。雖然那年秋天，我又繼續迷戀流行文化、再度塗上黑色眼線，但我從未忘記那一年所衍生出的新自我：一個深具韌性的我。

倒不是說我變得無所畏懼。事實上，我從未那麼害怕過。在森林裡，我害怕熊和蛇、害怕發生土石流、害怕被活埋在冰洞裡。但我存活了下來，並了解到恐懼並非無可動搖的。在一次長達三天的單車旅程裡，我咬著牙硬撐騎完最後幾公里。在攻頂前的最後一段爬坡上，我腦中已經反覆唱了成百上千萬遍大衛·鮑伊的歌曲；我的後腳跟破皮流血，穿透水泡貼片，染紅我的靴子。

那一年裡，我一次又一次地抬頭看見樹木——很多的樹木。看著它們枝葉高聳入天的同時，我也被拉向天際，拋離自我。在充滿濃烈自戀情緒的青少年時期，我發現自己並非宇宙中最強大的力量。那裡充滿著奇蹟，而我只需遠離水泥地來到樹林裡就能感受得到大口呼吸新鮮空氣，一步接著一步貼近長滿苔蘚原始生命的感覺。

打那之後的多年以來，我了解到一件事：一旦我太久沒有接觸大自然，我就變得不像自己了。可是現在的我，跟全世界過半的人一樣，住在城市裡面，而且還是在市中心裡。我會聽到路面電車嘎嘎作響，從臥室窗戶就看得到CN塔，望著它每天晚上在摩天大樓森林裡閃爍。家裡有小孩之後，我們不像以前那麼常走出城市。星期六或星期天時，即使我們有機會離開城市，但工作對我們的吸引力最終還是勝過大自然。手邊有工作要做，大自然只好再等等吧！

伊利諾大學芝加哥分校的一項研究指出，自一九八〇年代後期至二〇〇〇年代後期之間，美國民眾花在休閒活動（露營、釣魚、狩獵）的時間，每年以超過百分之一的比例下降。另一項調查發現，美國人有百分之八十七的時間在室內度過，百分之六的時間是待在封閉的車內。在美國和加拿大，國家公園的使用率也同樣在下降。一九九八年間，美國國家公園內的過夜露營住宿記錄超過九百二十萬次。但到了二〇〇三年，此一數字降到八百五十四萬。到二〇一三年時，它再度下降到七百九十一萬。

在戶外基金會的一項調查裡，受訪者被問及不去公園的理由，最多的回答是：「因為工作和家庭事情太多而沒有時間去」。然而，一旦失去跟大自然的連結，將會造成深遠的影響。十八世紀，塞繆爾・約翰遜曾寫道：「背離自然就是背離幸福」，而今日的科學也證實了他的說法。記者暨「兒童與自然網路」共同創辦人理查德・勞夫在二〇〇五年出版的《失去山林的孩子》（*Last Child in the Woods*）一書中，創造出「大自然缺失症」一詞。

勞夫寫道，之所以愈來愈多的兒童有肥胖、憂鬱症和注意力障礙的問題，最直接的原因是他們生長在一個與自然界隔絕、過於謹慎的文化裡。父母不僅將孩子的行事曆安排滿檔，還擔心他們獨自走去商店，更別說樹林裡了，因此孩童沒有時間真正體驗、進而享受戶外活動。他還寫道，「今日的小孩可能說得出一堆關於亞馬遜雨林的資料，卻說不出他上一次獨自在樹林中探索，或是躺在田野間聆聽風聲、仰望雲朵飄移的經驗。」

當他這本書出版之後，許多大人不停地用同樣的話向他抱怨：「嘿，我自己也有這個問題欸！」嗯，怎麼會沒有呢？行程滿檔的大人，當然會孕育出行程滿檔的孩子。難怪勞夫會接著寫道，成年人也會罹患「大自然缺失症」。

隨後，有愈來愈多的研究證實了他的說法。看著窗外的自然景象，有助於術後患者更快恢復。自二〇〇四年以來，日本政府已投入四百萬美元進行「森林浴」的研究，探索接觸大自然所帶來的治療成效。日本千葉大學的研究人員發現，在樹林中緩慢散步的受測者，顯現出壓力荷爾蒙「皮質醇」下降百分之十五・八，血壓則下降百分之一・九四。換言之，透過接近大自然，能夠降低焦慮（目前北美愈來愈多的人有焦慮的問題）。

據一九九一年德州農工大學一項知名研究發現，即便短暫接觸大自然也能減輕壓力。研究人員向受測對象播放了一部講述工作場所事故、長達十分鐘的可怕影片。在影片前後，他們檢查了受測者的心跳、血壓和肌肉緊張程度，並請他們評估自己的壓力水平。看完之後，其中一組受測者又觀看了十分鐘長的自然影像，例如河流和森林。同時，另一組人則是觀看購物中心和擁擠人行道之類的城市景觀。該大學的建築學院副院長羅傑·烏爾里希在接受《洛杉磯時報》訪問時說：「從壓力中恢復比較快、也比較徹底的是觀看大自然景象的受測者，而非城市景觀的。在看完十分鐘大自然影片後，那些人就已經恢復到原本放鬆的程度、甚至變得比觀看事故影片前還更加放鬆。」

當然，「大自然＝好」不代表就要學《多點！多點！》（Extra! Extra!）節目的做法。原住民始終把自然世界置於他們信仰和傳統的中心；至於美國浪漫主義者，他們則堅信，自然環境應該要保持史前花園的原始模樣：一種優雅的狀態。愛默生於一八三六年發表的文章〈論自然〉裡寫道：「在森林裡，我們回歸理性和信仰。在那裡，我覺得沒有什麼壞事會降臨在我身上，沒有什麼屈辱或什麼災難是大自然無法修復的。」

對於大自然的看法，詩人和科學家可能有所共識；但我們並不完全知道為何大自然會對我們的幸福產生如此直接、具體可衡量的影響。那些認同進化、「親生命假說」的人，例如田野生物學家愛德華・威爾森（E. O. Wilson）就相信，我們正經歷某個進化論的遺留物：我們一度需要與大自然深層連結，好讓自己存活下來。如今，少了這層連結，我們便嚐到了苦頭。

城市人，你需要逃到鄉下住一晚

事實上，大多數十九世紀的美國人無視於浪漫主義者的請求，他們並不把與大自然親近列在休閒活動清單的前幾名。自然環境反而被視為進步的阻礙，需要征服它，而不是讚揚它。直到十九世紀後半葉、南北戰爭結束後，今日的親自然觀念才變成了主流。

一八六九年，耶魯大學畢業的神職人員威廉・亨利・哈里森・莫瑞出版了一本名為《野外探險》（*Adventures in the Wilderness*）的書。這本書出版的時機恰恰好：為一個剛結束內戰、馬上進入工業化時代的國家，提供了療癒良方。莫瑞把阿迪達郎克山脈當作一種治療；它位於紐約州北部，佔地六百萬英畝的豐饒土地和水資源，還未遭人（至少還未遭到白人）開墾的一塊處女地。

莫瑞寫道：「我認為，這次的旅行特別適合我好好養病。」這是一本針對新興城市人口而寫的逃離城市指南書，人們受夠了居住在嘈雜、骯髒的大城市裡，尤其是那些「擠在狹小辦公室或是更小的書房裡、飽受壓抑的人群，他們厭倦了城市的喧囂，渴望呼吸山裡的清新空氣，嚮往田野間和大河邊的自在生活。」莫瑞喜歡提供稀奇古怪的指導做法，包括行李要打包哪些東西（「厚實耐穿的燈籠褲、背心和外套……羊毛和法蘭絨材質的」）、還有他對食物的描述（「第一道菜有鱒魚和煎餅；第二道菜有煎餅和鱒魚；第三道菜有魚和烙煎餅」）。

他書中那些神奇大自然療癒的故事，在今日聽起來就像是深夜運動節目播送的誇張廣告。其中我最喜歡的一則故事，是關於一名富有的紐約年輕人在飽受肺癆之苦（即今日的肺結核），快要死掉的長篇故事。

莫瑞發現，這名年輕人於六月初抵達北邊時，是沒法走路的。於是他的導遊把他放在船上，讓他躺在舖滿松木、雪松和香脂樹枝的床上，航向一群島嶼。他寫道：「它們辛辣且富含療效的氣味滲入他不健康且脆弱的肺部。到了第二天，他咳嗽的狀況不再那麼嚴重和痛苦。等第一個星期結束時，他已經可以靠著船槳走路了……。第三個星期時，他已經完全不再咳嗽。從那時起，他繼續以驚人的速度復原。」到十一月回到紐約時，「他全身曬得古銅色，就跟印地安人一樣，而且體格十分健壯。」

儘管充滿種族主義奇蹟的故事，這本書甫出版就成了暢銷書。在一八六九年夏天，一大群機靈的都市人個個人手一本莫瑞的書，搭上波士頓和紐約之間新開通的火車路線，蜂擁前往阿迪達郎克山脈。但結果並不理想：旅館太少無法容納他們所有人；有女人在場讓獵人看了很不爽。此外，這年夏天天氣陰沉又常下雨，一些抱持復原希望的肺癆患者不但沒有痊癒，反而死在途中。由於他們灰暗的失敗經歷，這些闖入者不但被媒體貼上「莫瑞的傻子」的標籤，還被大肆嘲笑。

但在一八七〇年的夏天，天氣變好了，城市人又回到阿迪達郎克山脈，只是這次重點不在養病，而在莫瑞主張的逃離城市；誠如托尼・佩羅特（Tony Perrottet）在《史密森尼》（*Smithsonian*）雜誌裡所寫的：莫瑞創造了美國人的假期。

對許多人來說，這個自然世界的版本並不意味著鱒魚和泥土糞坑，而是精心打造的家園。一整個世紀裡，范德堡（Vanderbilts）和卡內基（Carnegies）等富裕家族在那裡建造了精美的營地和小木屋樓房，至今也都還看得到。之後，隨著交通逐漸發達，週末也開始湧進遊客。此時，「度假（vacation）」一詞變成美國人的流行語彙，取代了英國式的「假期（holiday）」一詞：紐約的富有階級離開（vacate）他們的城市住宅，前往阿迪達郎克山脈度假。一八六九年時，這裡的夏季人口原本只有三千人，到了一九〇〇年時，則增加到二萬五千人。當汽車在二十世紀的舞台登場、成為大家主要的交通工具後，愈來愈多的人可以在週末隱居山林，也漸漸負擔得起到鄉村小屋度假的費用。雖然身處鄉居，卻擁有城市的便利設施。

一如黎辛斯基在《等待週末》裡所揭示的，隨著城市的崛起，人們也會開始退隱山林。對於農夫和其他常年居住鄉下的人來說，週末的節奏與平日的節奏向來沒有什麼差別：牲畜一週七天、每天都需要餵養。在這片土地上工作的人通常是看季節，不同的季節有不同的農事要忙，也決定了他們有多少的空閒時間。

黎辛斯基寫道：「無論是週末，還是週末隱居，都是城市人搞出來的玩意。隨著城市生活的崛起，逃離的時刻，以及逃往的地方，這兩種情況一前一後發展成形。」

手握土壤，心情就會變好?!

時光往後快轉一百五十年，如今我坐在加州奧克蘭一家擁擠的咖啡店裡，跟菲妮克絲·史密斯（J. Phoenix Smith）談話，她是一名有執照的「生態治療師」。在店內播放的舞曲聲中，史密斯一邊啜飲美式咖啡，一邊跟我說附近不遠處有個城市湖，名叫「瑪麗湖」。「這是我們國家最早成立的國家野生動物保護區之一；而且走路不用五公里就到了。我週末會去那裡，常會看到一些之前從未見過的鳥兒！」

我之所以用驚嘆號，是因為史密斯非常開心在野外看見某隻沒見過的鳥，就像有些人在超市看見名人一樣興奮。她是在加州普萊森特希爾約翰甘迺迪大學攻讀生態治療，並拿到證照的首批畢業生。生態治療是一種新興的治療方法，主要將患者置於大自然裡進行生理和心理的治療。不過，史密斯說她小時候在大自然裡的感覺並未那麼自在，她對於大自然的好感是長大以後才培養出來的。她從小生長於德州聖安東尼奧，家裡常年門窗緊閉，開著空調。她說，週末時，他們家人大多去購物。

史密斯是因為成年以後的一次危機才跟大自然產生連結的。當時她住在華盛頓特區，在一間婦女愛滋病診所的擔任個案經理。每天跟那些重病患者近距離接觸的壓力很大，她覺得自己筋疲力竭，快撐不下去了。一位醫生建議她休息一陣子，這是我們偶爾會得到的建議，而我們多半只是咕噥著「嗯，好主意」，然後又回頭繼續工作，任由糟糕的感受折磨自己。

不過，史密斯把建議聽進去了：她去巴哈馬的一間修道院上了一個月的瑜伽課。她回憶道：「所有這些東西一下子打通了我的任督二脈。我有時間做瑜伽、待在海邊；大自然成了我的良藥。」回到現實生活後，她開始探索華盛頓特區周邊的野外，找出那地區的公共國家公園網路，進而探索安納卡斯堤河，並在仙納度健行。

在她搬去舊金山幾年後，她在公共衛生管理部門的工作遭到裁員，她馬上就轉向大自然以緩解失業的壓力。她說：「我開始閱讀，也開始散步，後來一切都十分順利。其實我們對自然環境的破壞，跟我們自身的精神和心理健康息息相關。」

她大量閱讀西奧多・羅斯扎克（Theodore Roszak）的著作，這位歷史學教授暨社會評論家在一九九〇年代創造了「生態心理學」一詞，該學科主要在研究人類心理與自然世界之間的情感連結。

自然環境的危機源自於我們的心靈和身體，而我們自身的精神健康與否，決定地球是否會毀滅。生態療法是生態心理學的應用做法，史密斯就曾親身體驗過。藉著定期造訪自己最喜愛的樹，以及踏上最喜愛的健行路線，來減輕失業的壓力。當她人生中其他東西都不踏實的時候，她在這些地方找到踏實的感覺。

史密斯為非裔美國人，她為有色人種創立了一個健行團隊，以破除「黑人和拉丁裔人不喜歡戶外」的刻板印象。然後，她成為一名有執照的生態治療師，在掛牌營業的同時，每週還有一天在公共衛生部門工作。她最大的客戶是舊金山一家收容寄養兒童的非營利機構，這類兒童往往有行為和健康方面的問題。史密斯為機構裡的青年工作者開設了一門生態治療初階課程，週末帶著他們去大自然休生養息，好讓他們得以應付高壓力的工作。

在史密斯的課程裡，她會請學員思考自然環境在他們生活裡扮演的角色。許多從小就生長在城市裡的人會說，他們跟大自然完全沒有關係；但史密斯不接受這樣的回答。「我會一再督促他們，直到他們想起來為止，而每個人確實都有故事，像是：『對了，我以前曾和我祖父一起去釣魚。』或是『我祖母過去曾在花園裡種植這種特殊的穀物，並用它來做料理，非常特別。』」

史密斯找到一張她祖母在花園裡的照片，她發現在二十世紀初施行隔離政策的美國南方裡，容許黑人進入的商店很少，因此她祖母才會在花園裡自行栽種農作物。所以說，史密斯今日會栽種某些植物和蔬菜，其實是源自於過去的這段歷史。

在美國，生態治療仍是個相當新的領域，尚未獲得任何醫學協會的認可。我跟一位擁有自己農場的朋友提到這種療法，結果她翻了翻白眼說：「我們他X的每天都跟大自然交流，不只在週末而已。」有些討論生態療法的文章會取笑生態治療師的做法，說他們要求患者手握著潮濕土壤，藉此讓心情變好，這似乎是吸完大麻後才會給出的荒唐建議。（但手握潮濕土壤能讓心情變好的說法，似乎也是事實。布里斯托大學的研究人員就發現，老鼠被注射土壤細菌後，牠們大腦裡會產生血清素，它是天然抗憂鬱藥，作用跟百憂解一樣。）

然而，在英國，生態療法已經在醫學界有了立足點，成為合法的心理健康療法。二〇〇九年至二〇一三年間，一間名為「心靈組織」的機構在英國資助了一百三十項生態治療計畫。在這些研究裡，有一萬二千名具有各式各樣心理健康問題、來自社會各個階層的人得以參與戶外活動，包括園藝、栽種農作物和保育工作，結果成效十分驚人：參與者聲稱自己的生理和心理健康都獲得改善；曾經失業的人如今變得不再孤單，變得更快樂，而且更容易找到工作；參與者還說自己對社群和幸福感有了重新認識。

在伯恩茅斯一位剛成為園丁的人表示：「我以前花很多時間獨處；我不想離開家門，常常睡懶覺，而且認為沒有什麼事情值得我起床去做，我覺得自己跟外界格格不入。現在我成為社會的一份子，早上起床總覺得有事等著我去做。我享受新鮮空氣和園藝的工作，每當我們整理完一個花園後，我會獲得真正的成就感和滿足感。」

心理健康的問題對任何國家來說都是一大財政負擔。以英國為例，每年光是醫療費用就超過二百一十億英鎊，這還不包括數十億英鎊由於人們患病而無法正常工作的經濟損失。相較之下，生態療法便宜多了；「心靈組織」的計畫花費很少，只有七百五十萬英鎊，而且是由彩券資助。一項審查結果發現，光是讓五名有心理健康問題的人加入生態治療計畫，每年就能夠在藥品、就業保險和醫療照護方面省下超過三萬五千英鎊。

其他可以省下的東西或許還更多、更大。史密斯目睹她的客戶投身大自然界、年復一年回到同一個地方，說著：「哦，那是我的樹、我的石頭呀！」這種個人連結可能會產生更廣泛的影響，即生態治療的核心目標之一：與自然環境的連結會讓人產生想要保育它的衝動。

她鼓勵客戶到大自然去建立週末的儀式；儀式可以很小，像是：每週六去散個步、週日早上騎自行車去一個新的公園。她說：「出去探索吧！你家方圓十五公里內有沒有哪個你從來沒注意到的公園？就從那裡開始吧！」這麼做就跟吃藥一樣緊急；我們只需更加努力依照這個處方去做。史密斯接著說：「我們曾為了四十四小時的工作週不得不奮鬥，我們也曾為了週末不得不奮鬥。如今，我們必須為了多花時間走進大自然而奮鬥；我們得努力做到。」

艾琳住在奧瑞岡州的波特蘭，她曾是名藝術治療師，在公立學校任教四十年，如今已經退休。年紀七十出頭的艾琳，是那種要讓自己的休閒時間每分每秒，甚至每納秒，都得充分利用的人。週一到週五，她都在做志工。到了週末，她則參加社團活動，依照季節輪替不同的社團，像是：健行社、雪鞋健行社、摺紙社。她晚上會跟朋友聚會、看戲和看表演。她說：「活到七、八十歲，已經沒有孩子的負擔，我們知道自己必須做一些積極的事情，還有一些動腦的活動。我們必須找到一個平衡點，不然活著要做什麼？」

幾年前，她搬離紐澤西，隨著她成年的兒子搬到了波特蘭，一方面也是因為她想搬到氣候比較好的地方，以符合她積極的生活方式。她一直都愛運動，曾參加自行車比賽和鐵人三項比賽。但在艾琳喜愛活動的一長串清單裡，她覺得走進山林最能讓人恢復活力。

她最近開始學越野滑雪，她說自己滑得不好（我覺得她只是謙虛才這麼說）。不過，她對自己滑得好不好一點都不在意，她在意的是美景和新鮮空氣。某個星期一我們聊天時，她告訴我前一天星期日去滑雪的心得：「我想到昨天在帕基溪滑雪時，樹上全是積雪，空氣非常地棒。我伸出一隻手，結果有隻鳥飛過來停在我的頭上。」

我一臉狐疑地打斷她，但她又說了一遍：「真的，我沒騙妳；真的有隻鳥停在我的頭上。周遭美景就跟聖誕卡的圖案一樣夢幻；我整個人就恢復了活力。我身處大自然之中，而這正是我需要的。我們會愈來愈老，必須想辦法逆齡回春，也要想辦法讓自己感到生龍活虎。」

從冒險刺激的休閒中，找到減壓放鬆的方式

接下來我們把鏡頭拉到美國的另一邊，在同一個週末裡，托爾站在熊山一處懸崖的頂端，望著曼哈頓的天際線，深感敬畏。滿臉鬍鬚的他此時打著赤腳，跟十幾個「布魯克林山徑越野跑團」的成員在進行三十二公里長的跑步。他們每週六會在紐約市郊的一個地方集合，然後去

健行山徑上跑步。這些比較適合健行者的林間小路上，通常布滿石塊和泥濘，使得他們不得不嘗試各式各樣的螃蟹橫行。

就在遠眺曼哈頓之後沒多久——從起跑至今三小時後，在一個長滿苔蘚的懸崖頂下，有一名跑步者說了句「好美呀！……」但話還沒講完，就聽見砰一聲：她摔倒了，膝蓋劃破一個大洞，傷口深可見骨，「就像有人用湯匙在她的膝蓋挖了洞，」托爾說。參加這類戶外活動，受傷流血是司空見慣的事情。托爾扶她上了車，開車回到城市。擔心是一定會有的，但他也只能坦然接受。他說：「有人受傷時，其實就要靠團隊的凝聚力互相幫忙。」再說受傷是難免的，他們還曾替某條山徑取了綽號，叫做「縫六針」。

托爾是切爾莎地區一間創投公司的設計師，他的工作步調通常需要非常快速。但是一到週末，他就會關掉手機，這樣就可以不受干擾地一個人獨處。他說：「我不介意獨處，這就是我想要的生活方式。」

他想要的生活方式十分多元：他是素食者；在某種因緣際會下他創立了一間名為「涼鞋人」的涼鞋公司；他還參加「超馬」，訓練時赤腳跑一百一十二公里。容我重申一點：**在山徑上他也是赤腳跑**。

托爾還成立跑步俱樂部，所有人都可以參加，但沒有硬性規定要赤腳才能加入。他會在網上發布跑步活動的訊息，包括前往起跑點的大眾運輸路線。活動是免費的，但需要花費星期六一整天的時間。跑者得一早六點起床，在賓州車站搭乘八點半的火車；多數人通常要到五、六點才能回到家。到夏天時，還有游泳和沙灘跑步的活動可以參加。

活動選定的山徑，一定都在距曼哈頓半小時左右的車程內。出發前，跑者們會在灌木叢裡換衣服，並依照不同的速度進行分組，也依人數多寡來決定要分成幾組。每個星期六的成員組合都不一樣：托爾曾跟青少年和一家人一起跑步；也曾跟幾個六十多歲的人跑步；有時候還會牽著一隻名叫貝蒂的狗一起跑。

跑步的路線長度通常不是十公里就是二十一公里，視情況而定；而且不見得每次都會碰到腿摔破一個大洞的戲劇性事件。他們經常跑完就一起去吃早午餐或喝啤酒，所以也摻入了社交的元素。在跟其他人聊天時，托爾發現，他們很驚訝大自然竟然離他們那麼近，有的甚至跟曼哈頓近在咫尺，原來他們並沒有自己想像的那麼封閉。

「紐約市民只是不知道距離他們半小時火車車程內，就有那麼多的自然環境。像我們會去展望公園跑步，每次我們在那裡做山徑野跑時，就有人會說：『我來過這個公園成千上萬次，怎麼從來不知道這裡有這些林間小路？』」

過去幾十年來，極限戶外娛樂蓬勃發展，愈來愈多的人開始玩攀岩、戶外探險運動，還參加極限運動會。高難度的滑雪和單板滑雪技巧直接上YouTube就可以學到。據急診室的統計發現，全美每年大約有四萬人因為參與七大極限運動而受傷，其中包括單板滑雪、越野摩托車和登山車。

社會學家斯蒂芬・林（Stephen Lyng）稱這種有風險、但受控管的經驗為「邊緣作業」——該詞彙原出自亨特・斯托克頓・湯普森（Hunter S. Thompson）的《賭城風情畫》。邊緣作業是一種自發的冒險行徑，會讓人產生超現實的感覺；是一種遊走「生與死、有意識與無意識、理性與瘋狂之間」的行為（湯普森稱它為「危險的精神錯亂」）。隸屬邊緣作業的行為非常地多，不只是雪崩區滑雪，連股票交易、絕食和SM性虐待也名列榜上。

通常，極限運動跟大自然會有所關聯——這樣就已經夠棒了，接著幸福指數還會高到破表：因為風險本身就是獎勵。過去十年間，攀登聖母峰的人數翻了四倍。對於那些困在吃力不討好的崗位裡、成日超時工作的人們而言，一個充滿極限冒險的週末可能會是種救贖，終於可以把苦差事猛力一拋，感覺自己真正活著。這是太平盛世的幸運兒才會做的事情，換作在戰亂時代裡，誰還會有心思去高空彈跳呀？今日大部分的工作都是在電腦前進行，對我們的身體來說是很安全沒錯；但對心理而言，它們卻常讓我們心力交瘁。於是，我們才會想要做一些受到管控的失序行為，去逆轉這個方程式：把身體置於危險之中，以舒緩我們的心靈。

每個人或許都想追求刺激，但極限運動屬於非常特殊的領域，沒有雄厚財力恐怕還負擔不起。像定點跳傘和高空跳傘就需要一大筆開銷；週六去新罕布夏州白山山脈玩一次瀑降，就可能要花費七百多美元。大自然是可以用錢去買的，因此征服自然就成為展現一個人身體活力是否與事業成就相符的指標。

《經濟學人》雜誌報導了一種名為「超級老闆」的新人種，他們每時每刻都活力異常充沛。受訪的CEO表示，週一至週五期間，他們凌晨三點半就起床健身（然後看小說、開會、來一場晨間性愛）。到了週末，他們再把高人一等的表現帶進大自然界：羅科福爾蒂飯店的羅科．福爾蒂爵士（Sir Rocco Forte）和賀寶芙的邁克爾．約翰遜（Michael Johnson）是定期參加「CEO挑戰賽」的其中兩位老闆。在挑戰賽中，老闆們藉由鐵人三項和一百六十公里的越野登山車賽事，把自己的體力逼到極限。

對於這些成功人士來說，休閒成了後資本主義世界價值觀的一種延伸：「更多、更好、更快」不僅用來提升生產力，也用在玩樂上面。門檻變得愈來愈高，體驗的規模愈來愈大，絲毫不在乎精神錯亂的行為有多麼危險。就算走出城市之外，我們也需要一個目標、需要一個贏的機會。大自然變成一項週末的工作、成功的象徵：自然是拿來征服、而不是拿來體驗的。

布魯克林山徑越野跑團並非是特定人士才能參加的社團。當然前提是要四肢健全，而且有參加的意願。不過，它跟鐵人三項的百萬富翁運動員之間還是有個共同點：他們都追求「高峰體驗」。這個詞是心理學家馬斯洛所創，用來描述當我們對世界的看法改變時，我們會感到敬畏，一種近乎神秘的狂喜；內心會出現「敬意、謙卑或臣服」的感受。想要體驗一種更簡單、更原始生活方式的渴望或許很難在平日獲得滿足，但在週末卻可以，就算時間有限也能做到。

我問托爾在山林裡頭是什麼樣的感覺，他說當他強迫自己置身大自然裡、在林間小徑跑步時，他跟時間的關係也因此改變了。

「跑步結束時，我會對大家說：『我們跑完二十一公里了。』然後，他們就一副『有嗎？』的表情。如果你在人行道上跑步，你會知道已經跑了二十一公里。但當你在山間小徑上跑步時，你會留心自己踏出的每一步，在踩實每一步時你都得保持正念：在這裡，你必須活在當下每一刻。在跑步的這幾個小時裡，你所有的想法都消失了，世間的煩惱也都不見了。」

我並沒有像托爾那麼熱愛山徑野跑，因為我希望永遠不會看到自己的骨頭裸露出來，它們本來就該乖乖待在我的身體裡面。然而，就算凡人也有機會體驗到敬畏、受益於大自然的美好。而且有機會的話，我是不介意讓一隻鳥停在我頭上啦！

大自然是治療精神疾病的良方

在二月某個寒冷的星期天裡，為了呼應菲妮克絲．史密斯多跟大自然相處的奮鬥宣言，我們宣布那天為「休息日」，把孩子的曲棍球賽事拋諸腦後。我們把狗放在汽車後座，開車駛離城市，前往一處自然保護區。

這個星期天我想要的是：新鮮空氣、開放空間、減壓。那陣子我的工作壓力一直很大，我需要關掉我腦中不斷滾動「我受夠了」字眼的跑馬燈。史丹佛大學曾主持一項研究探討大自然對於心理健康的益處，研究人員將這種腦中的聲音稱為「芻思，一種適應不良的自我指涉思想類型，它們會增加憂鬱症和其他精神疾病的風險。」

我當然還不至於得精神病，我只是因為手頭上製作的一檔節目截稿在即，令我火燒屁股，加上辦公室同事間的勾心鬥角讓我心煩。我睡不好，開始感覺失衡、心裡很悶。

在史丹佛大學的研究裡，受測者被分成兩組外出散步九十分鐘，一組在草地上走、另一組則沿著四線道的大馬路走，與吵雜的噪音為伍。在生理指標上，兩組都出現了同樣的結果。但置身於橡樹和灌木叢的那個小組，則表現出「大腦膝下前額皮質區」（在芻思過程中會變得活躍的大腦區域）的神經活動變化。換言之，他們的芻思變少了；但在城市裡散步的那組人就沒有得到這樣的好處。

這只是探索城市生活與精神疾病之間關聯性的諸多研究之一，儘管至今仍未證實兩者有因果關係。不過，如果你住在城市裡，你罹患焦慮症的風險會比居住鄉村的人高出百分之二十，出現情緒障礙的風險則高出百分之四十。由於世界上大多數的人都居住在城市裡，情況只會愈來愈嚴重。為了讓自己免於現代生活的折騰，我們必須回歸自然。

不幸的是，其他人似乎也知道要這麼做。

當我們抵達自然保護區時，停車場已經停滿車子，我一度擔心人這麼多我們會無法真正放鬆，不過我們還是走出去，呼吸新鮮空氣。我們繼續往山上走，後來進入一片開闊、積雪覆蓋的田野，這裡的人也少多了。米亞跳上一處結冰的池子，興奮地揮舞手腳。我記得幾年前某個秋天我們也曾來過這個保護區，看著葉子的顏色由金轉紅。誠如菲妮克絲・史密斯所說，我們的確跟這個地方產生了連結。

我們家的狗則是玩瘋了，瘋到跑去追那些偶爾出現的越野滑雪者。不過，我們還是繼續往前走；走到後來，已經沒有人可以讓牠追逐了。

我利用這個機會跟兒子談他的新學校，想多了解他在那裡過得怎麼樣（但實在很難）。在外頭才走了不過幾小時，我的雙手就已經凍得發麻。我只摔了兩次跤，在結冰的區域踩滑。我不認為自己體會到了敬畏，但我有那種打破常規、跳脫日常的感覺。在這個星期天裡，我們一家人開懷大笑，留下難忘的記憶，比之前被關在曲棍球場的那幾次星期天都還要難忘。這一天，我們充滿十足的活力。

那天晚上，我檢查了自己的焦躁水平，測量自己在新工作週開始前週日夜的情緒低落程度。看來已經變弱，變成低聲呢喃，而不是轟然抱怨。

焦慮不安？用藝術緩解你的壓力與急躁

我和我朋友蕾貝卡站在畢卡索的畫作前。蕾貝卡是名藝術家，我想在博物館看畫，她應該懂得比我多很多。這幅是丹尼爾・亨利・康威勒的肖像畫，他是一名德國畫商，在一個世紀之前他就挺身支持畢卡索和其他的立體派畫家，但當時的藝術界並不看好這些特立獨行的畫家。

我之所以會知道這幅畫，是因為參加了週六早上的導覽，一名志工帶著我們一小群人欣賞現代主義的幾幅代表畫作。你很難從畫布上看清楚康威勒的相貌，整幅畫由許多閃閃發亮的區塊組成，只能從他公事包的模糊輪廓依稀看出，畫中是一名有錢有勢的人。

導覽非常有趣，可是蕾貝卡和我就是笑個不停。事實上，在芝加哥藝術博物館參觀的這天早上，我倆的笑聲幾乎沒停過。我以為跟藝術家一起逛博物館會有不同的體驗，事實也的確如此，只是跟我原先想像得不太一樣。

我們差不多逛了一小時，模式是這樣的：我們站在一幅美麗藝術品前，然後蕾貝卡就會逗我發笑（像我們在看點描派畫家喬治．修拉的畫作《大碗島的星期天下午》時——這幅畫應該是描繪週末休閒最出名的人物畫，她就做出《蹺課天才》電影男主角費利跟好友馬倫講話時的一號表情令人發噱），不然就是跟我講一些高中時期發生過的蠢事。看完畫之後，我們去了休息室喝茶；這真是美好的一天。

我去博物館看展時，偶爾會被某件藝術作品深深打動。不過跟蕾貝卡去的這次並沒有就是了。儘管這麼說誇張了點，但有時候還真的會感動得流下眼淚。雖然我在大學修過美術史，但我並非藝術專家，只是具備基本概念，還有一些先入為主的看法。

話說回來，我還是很喜歡美術館的；我有許多美好的週末都是在裡面度過的。裡頭展示什麼內容並不重要；我喜歡的是它們的建築，不僅是因為它們的宏偉，還有裡頭安靜的角落，以及來往觀眾戰戰兢兢的模樣：帶著茫然不確定或是如癡如醉的表情，盯著藝術作品呢喃低語。

博物館就像是週末：把時間暫停，給自己一個藉口跳出激流，靜靜站在岸邊休息一下。你和周遭的每個人雖然處於公共場合，卻擁有各自私密的時光；跟一群陌生人一起讓藝術感動自己，真是妙不可言！大家在體驗藝術過程中融為一體，而且是在一片寧靜、安詳的空間裡。

一項研究發現，常去美術館的人認為逛美術館有非常大的好處，那就是不只能學到知識，還能夠恢復活力、緩解壓力和焦慮。（有句話要提醒坐在扶手椅觀看體育賽事的老兄們：不知出於什麼樣的原因，參觀博物館的男性似乎比女性還得到更多的收穫。）

我們需要透過藝術來感受人性，而且各種藝術形式都可以。在此，我們還是別浪費時間爭辯美學和美麗在數學上的定義何者正確。（你知道黃金比例，對吧？那臉部的完美比例呢？不知道嗎？很好，這不重要。）專業知識固然重要，但若不實際去體驗藝術，空有知識也是枉然。而且，就算眼前的藝術品令人產生排斥感，它還是會激發並直通到我們的內心深處，喚醒內在的自我。

像在之前那次導覽裡，我們同團就有人對馬塞爾．杜象的〈帽架〉十分感冒，認為它不過就是一個懸掛半空中的木製小帽架，因此他一直問導覽：「那樣也算藝術嗎？」他一而再、再而三地問，情緒非常激動。我對我朋友說：「呃，星期六一大早就能有這麼深切的感受，也算是一件不錯的事兒！」

現在的博物館變得愈來愈像社交場所，尤其是在週末。芝加哥藝術博物館的博物館教育部主任賈桂琳．泰瑞莎（Jacqueline Terrassa）告訴我，他們在設計週末活動時，主要是以社交和互動為目的。跟多數博物館一樣，這意味著他們博物館也開設一般課程，以及不需報名隨到隨上的課程，民眾可以隨興走進或離開課堂。

泰瑞莎說：「數位文化改變了學習的形態；民眾去博物館不只是為了獲取知識。現在的問題是我們如何跟藝術互動，如何更投入其中。我們要怎樣創造出一個參與式的創意文化呢？我們就是扮演社會的角色：人們渴望加入社群，而且是透過面對面的方式，為此博物館必須成為一個充滿人味的社交環境，讓人們樂於花時間待在這裡。」

我跟蕾貝卡去博物館，主要是為了社交。我到她的城市待了一天，相約博物館只是我那天的部分行程，順便藉此機會聊聊彼此的近況。不過，純粹的藝術賞析——獨自一人且沉默不語，或許是一種更深層次的週末體驗。

其實，博物館就像世俗人士的大教堂，走進裡面，我們會發現自己像在祈禱，或至少是處於冥想狀態。世上沒有多少地方能像博物館一樣，讓人靜靜地站在那裡沉浸在自己想法裡，而不被旁人視為異類的。

在蕾貝卡繼子還小的時候，她總會在週末帶著他去芝加哥藝術博物館。她喜歡看著他對藝術感到興奮，近身與作品面對面接觸。她在電子郵件裡告訴我：「不過，我還是更喜歡自己一個人去美術館。我得以沉迷在色彩與線條之間；用奇妙的方式去解讀這個世界。

而且，觀賞歷史文物能讓人對於以前的國度產生新的見解。一旦填補時間和空間之間的空白，或找到迷失的拼圖碎片後，那些我一度無法理解或不在意的東西，突然間會變得豁然開朗，或是整個人眼界大開，在這些東西上面，我會看見自己以前從未發現的全新樣貌。我用自己的視角拍攝了很多東西，我希望能夠讓後人記住。當然，它們賦予我許多的想法，也為我的藝術創作帶來靈感。」

DIY手作能打造幸福感

體驗藝術有著各式各樣的好處，跟置身大自然的好處非常相似：敬畏；敬畏；還是敬畏。近期的一項大腦造影研究表明，將受試者置身於一件美麗的藝術品前，能夠觸發大腦釋放多巴胺（讓人感覺良好的化學物質）到眼眶額葉皮層，也就是愉悅中心。藝術參與者表示自己感受到了「高峰體驗」，那是種狂喜，跟登山者和山徑野跑者所體驗到的十分雷同。

不光是視覺藝術能夠觸發這樣的喜悅：在一項針對四萬五千名英國人進行的幸福感線上調查結果裡，排行前六名的活動，除了名列前二名的性愛和運動之外，其他四名都與藝術有關：劇院；唱歌／表演；展覽；手工藝相關的嗜好。

然而，我們卻不太利用週末的時間體驗藝術。根據美國國家藝術基金會的數據，過去十年來參加藝術活動的人數持續在下降；造訪博物館的次數也變少了。六歲以下孩童的父母在受訪時表示，不參與藝術的主要原因是沒有時間。此外，可能還有一個令家長卻步的原因：在進入博物館前，我得自己先搞懂〈丹尼爾．亨利．康威勒〉背後的所有故事。

幾年前，我看了《藝術的慰藉》這本書。其中，哲學家艾倫．狄波頓和藝術史學家約翰．阿姆斯壯（John Armstrong）要求揭開藝術殿堂的神秘面紗，並且重整美術館，讓它不再只是提供冷冰冰資訊的場所；他們建議美術館應該強調對於作品的「感受」或「心理解讀」。狄波頓寫道，藝術應該被當成一種治療的力量，「幫助人類面對生與死。」想也知道，許多藝評家痛恨這樣的窄化；因此，當他們在阿姆斯特丹國家博物館翻新幾座展廳後，有人為文批評它們「膚淺」和「平淡」。

如果替畫作搭配解說字幕，不知道會不會讓它們更貼近我們的生活？譬如說，在一個以「希望」為主題的展廳裡，觀看附上說明的莫內的〈睡蓮〉，能不能讓更多時間緊湊的大忙人走進博物館？可是，如果人們不去的話，他們難道不會錯過一些有意義的東西嗎？

我寫了一封電子郵件給阿姆斯壯，其中關於我的這個問題，他提出不同的問法：「我會問：『如果有更多人與藝術品和美的關係變好，會怎麼樣呢？』我認為的答案是：人們在處理日常問題時應該會更順利；我們會變得更友善、更具耐心、頭腦更有智慧，更能夠面對眼前的挑戰，在碰到不可避免的痛苦和逆境時也能夠更加堅忍。」

福樓拜會在星期天審閱自己過去一週寫的文章，並讓詩人兼劇作家的好友路易・布依雷（Louis Bouilhet）坐在一旁，聽他大聲朗誦這一週所做的每篇作品。布依雷是個很有耐心的人，他不介意幫福樓拜這個忙，而且還會提供建議並為他打氣，讓福樓拜在接下來一週的創作裡更有信心、更具活力。

這樣的安排似乎對福樓拜而言比較有利。儘管布勒肯定也從這位偉大藝術家的作品裡學到了不少東西。然而，當週末空閒時間少得可憐時，會出現一個問題：何者才能更充分利用如此短暫的休閒時段？是當個藝術欣賞者、還是個藝術創作者？

從治療的目的來看，藝術創作與藝術欣賞具有同樣的效果。在一項研究中，學生們被要求針對某個嚴重的情緒問題，寫下他們內心深處的想法，利用十五到三十分鐘的時間不停書寫。除了這項研究外，還有數十項類似的研究都證實了同樣的結果：這種表述自我的行為有助於提高免疫功能、降低血壓，並減少看病的次數。將潛藏內心深處的故事宣洩出來，把心情化為文字寫下來，這樣的創作行為能夠為我們的日子以及人生賦予意義和目的。

無疑地，這種目的感正是陶藝和針織之類「手工藝」流行起來的原因之一。「創客運動」近來在世界各地掀起風潮：人們在週末聚集一起展示自己DIY作品，包括科學、技能、工藝、藝術等各個領域。在這些週末活動中（二〇一四年在全球就舉辦了一百三十一場），任何想要炫耀發明作品的人都能參加，只要是自己親手做的都可以，這是有史以來最酷的市集了。

在二〇一五年的紐約，有九萬五千人出席了發明觀摩展，裡頭可以看到「芭比夢幻無人機」（一種真人大小的捕鼠器），還有一個名為「視覺音效界面」的巨型眼球頭罩。我們渴望運用自己的雙手——而非設備——去創作，不單只是靠花錢購買。

星期六早上，戴爾會去上陶藝課。他之所以報名這門課，是因為他先生週末早上會去跑馬拉松，都不在家。戴爾說，當他先生外出練跑、結交各式各樣朋友的時候，他總是一個人睡到十一點才醒來，然後為自己的懶散感到羞愧。於是，他決定報名學點東西。但第一天上課，他就發現同班同學都是小孩子。他開玩笑說：「被一群吵鬧、平庸的孩子包圍？這跟我想像的週末靜修很不一樣。」

結果戴爾申請退費，另外找到了這間布魯克林工作室，報名排候補（近來布魯克林區的陶藝課程變得超級夯）。在過去的三年裡，每個星期六早上，當布魯克林還處於一片沉寂時，他就會搭計程車到大西洋大道上課，開始他的陶藝儀式。他說：「通常我在搭車的時候，只會看著自己的手機，整個人放空。唯獨週六早上的這段路程，我會坐在車子裡仔細看著外頭布魯克林和大西洋大道的景觀；這變成了一種心理意識的鍛鍊。望著車窗外時，我會發現一些東西，令我欣賞不已。或許我已經準備好用心去看這個世界了。」

戴爾是一位科班出身的藝術家和設計師，目前在報社擔任編輯。他的工時很長，每個週末他都得掛在網上，隨時監控網站流量並且回報狀況給他的部屬。不過，星期六上陶藝課的這幾個小時裡，他完全不會去想這些公事：他隱身成另一個自己。他說：「這是重新喚醒完整自我的一種方式。我重新回到童年、回到青春期、回到大學接受繪畫訓練的自己，試圖重拾與自我的關係。」

這間工作室裡，共有十台陶輪和手工製陶的大桌子。每次一進來，他會先選定門邊的那台陶輪，那裡會有陽光灑進來；然後去隔壁咖啡館喝一杯加脫脂牛奶的咖啡，搭配美式沙琪瑪。等開始捏陶後，整間工作室會洋溢著一種飄飄然的氛圍。

戴爾說：「當你還沒累癱，還有心力去理性冷靜地製陶時，它能夠幫助你擺脫憂慮。這件事需要你全神貫注去做，如果你沒法完全集中注意力，那麼你的坯就拉不好。所以，為了把坯拉好，你會努力把分散的注意力拉回到當下。而且我覺得自己有目標要完成，當下不容我分心。」

他的作品非常美麗：有銀柳青色的碗、小水瓢、還有一個陶壺，壺身上還斜抹了一道釉彩。當戴爾完成作品後，他會把它們拿到工作室後面花園的桌子上拍照，然後上傳到……嗯，當然是Instagram囉！不過，這一部分的儀式不只是為了收集「讚」，主要是單純的分享作品。他說：「在你創造出一些東西後，你會望著它們沉思、好好評鑑一番。」總之，他週末的美是自己親手打造的。

雖然我們多數人永遠都創造不出這麼完美的作品，但我們可以透過欣賞而獲益。再者，體驗美麗的場所不限於博物館或美術館。要探索一個地方，沒有任何方式比仰望天空、或是塗鴉更理想了。

我先生的家鄉位於新斯科細亞省的一個小鎮；每當我們回去時，我總會儘量安排時間去市中心逛逛，但那裡一點都不熱鬧，不像是市中心，就像其他小鎮一樣，人潮全跑到郊區購物中心去了。但有一點不同的是，這個小鎮從很久以前起就以壁畫著稱，到處充滿怪異又絢麗的塗鴉。有人聽完某某人的鬼故事後，就畫出一群身體不成比例的維多利亞時代的人，頭與身體還沒有連在一塊。我喜歡這些壁畫；它們帶給我很大的樂趣。總之，無論是公共藝術、發現藝術，還是教堂和社區中心的免費音樂，全都唾手可得，開放給所有人享用。它們正等著改造你我。就從下個週末開始。

我們每個人都想要體驗這美好的世界，讓自己感到真正活著。結合美麗的週末所帶來的效應能夠持續一整個星期：影響你看待事情的角度、以及你做的每件事情。美麗能夠長效保存；擁有這樣的星期一宿醉，再好也不過了。

——第七章——

努力捍衛美好的週末

這些日子以來，我的週末看起來不一樣了。我會突然迸出一些以前不常說的句子，像是：「我們今天別去運動比賽了。」「誰想玩牌？」「我等一下再來接你們。」我的浴室變得比以前還髒。我會嘗試二十四小時完全不上網。真的！而且我們幾乎每週日都會一起享用正式的晚餐。

結果，我過得非常好，我的家人也十分開心。嗯……其實也沒有啦！我們依舊同時忙好多件事情，而且有時候就算全家人都在一起，心思卻不在一塊，每個人都在各自的角落專注於自己的3C用品。此外，我還得招認一事：這一章就是在星期天寫的。

但我知道，等這幾天截稿期限一過，下個星期天我肯定不會工作；況且星期六我本來就已經不工作了。最重要的一樣改變是，我們更加留意時間的流逝。當週末排滿孩子的活動、工作郵件開始堆積時，我發誓我聽見了時間流逝的聲音，就像自行車輪胎漏氣一樣。當我發現週末溜走時，我會採取一些微小但強硬的措施把它拉回來。我試圖繼續遵照亞里士多德的理想，堅持一個簡單的信念：「美好的生活」裡必須要有休閒，而休閒就等於自由。工作儘管重要，甚至有時讓人樂在其中，但工作並不代表我們。

在許多已開發國家裡，眼下即將面臨兩大文化轉變：戰後嬰兒世代的退休潮，以及自動化的崛起。無論這些變化是好還是壞，都意味著空閒時代即將到來。至少對某些人來說是如此。到那時候，我們知道該怎麼辦嗎？也許我們有必要在週末先試行看看，利用這個機會學習充分利用工作以外的時間，檢視我們的愛好、人際關係，以及價值觀，進而重新定義自己。

停止瞎忙，讓時間找到你

看到這裡你或許會說：「週末就要到了，但我還有工作要做。這本書並沒有神奇到讓工作消失！」對此，我有兩點忠告。第一點，盡量在週間提高工作效率，如果到了週末工作還沒做完，那就採納我的第二點忠告：空出幾小時的時間工作，並遠離所有會令你分心的人事物。（除非是十萬火急的大事，否則請別發送電子郵件給你的同事。如果你非寫不可，也請你暫存在草稿匣裡，到星期一再寄出去。千萬不要成為奪取他人週末的小偷。）等幾小時的時限一到，就停下工作。稍後也別再回頭繼續；全心去享受你的人生吧！反正星期一你就能完成它，而且還會更快完成。

我知道美好的週末不一定每週都能擁有，畢竟有各式各樣的社會和經濟力量在助長超時工作的風氣，譬如：擔心被裁員；托兒服務不健全；缺乏家人支持；還有一個設計來追求利益、並佔用員工時間的自由市場。而當我們奮力解決這些反休閒結構的同時，不妨也盡量讓自己度過一個愉悅的週末，用實際行動對鼓勵人們超時工作的體制說「去你的」。這不失為一個讓自己避開「工作至上」陷阱的好方法，不讓它們阻礙我們體驗到真正自由的空閒時間。

當週末出現一小部分空檔時，我們必須啟動反工作模式，拒絕讓它佔用這段時間。隨時用

「新世紀運動」信徒最愛的一句話提醒自己：「忙碌是一種選擇。」或者也可以說，忙碌是自找的。何不把這句話做成一張保險桿貼紙貼在你的心上？

要擁有一個美好的週末，必須具備一些關鍵要素。我們很難在每次週末都過得百分之百完美，但就算只能滿足其中幾項休閒要素，也可以從裡到外徹底改變你的感受。你或許還會從中得到啟發、進而在下個週末採取別種休閒方式；或更好的是，直接在週間體驗。

其實不只是週末，我們的每分每秒都同樣重要；一週七天的每一天都值得我們用心、開心去經營。若能這樣保持下去，我們就不會再為了平衡工作和生活白費心力，而是時時刻刻都活得很好：充實而且滿足。

塞內卡很清楚時間的重要性：「沒有人能夠追回逝去的時光；沒有人能夠讓你回歸自我。」總之，週末是一處庇護所，也是一座實驗室，讓我們得以試驗想要過怎麼樣的人生。

現在是你的時間，你打算怎麼運用它？

美好週末的十大宣言

一、**與人建立連結**。

面對面地產生連結：見一位老朋友；認識一個新朋友；跟鄰居拉近關係；聯絡某個久違的

親戚；拓展自己的人際關係。

二、**付出關懷**。

奉獻你的時間：當志工；成為社運人士去維護你所信仰的某個議題；寫一封表達憤怒與不滿的信給政府官員；跟一群比你更關心某議題的人聚在一塊，攜手努力解決該項議題。

三、**盡情玩樂**。

每做完一個被動娛樂，就做兩個主動娛樂。

四、**走進大自然**。

選定一處你所謂的自然環境；親近它。每隔幾個週末就回到那裡，直到它變成你的聖殿。

五、**追尋美的事物**。

讓自己置身於美到令你屏息的藝術作品當中；運用雙手創造一些東西；星期天早上到教堂外面聆聽唱詩；加入唱詩班。

六、**凡事少做點**。

少購物；少打掃；少做整理收納工作（這並不表示要變得更凌亂哦！）；少緊盯孩子。

七、**別制定計畫，多留點空白**。

八、**漫步閒逛**。

九、**保持好奇**。

十、**活在當下**。

然後，下週末繼續重複以上的事情。

謝辭

我要感謝珍妮佛・蘭伯特和茱莉亞・帕斯托爾敏銳的編輯指導和協助，並感謝吉妮薇娃・伊蘿莎很早就看到這本書的潛力。非常感謝傑基・凱沙，他是第一個哀悼週末的人，因而給了我寫這本書的靈感。我非常幸運有克里斯蒂・弗萊契以及弗萊契洋行這麼棒的公司，幫助我為這本書找到了家。感謝克里斯蒂過去一年來經常得面對我一堆問題的疲勞轟炸，但每次都以幽默、智慧，還有無比的耐心回應。還有性格超級沉穩的年輕記者莉亞・詹森，無論是研究還是查核事實方面，都是宇宙無敵強的幫手。謝謝妳，莉亞。

當然，我非常清楚人們的時間是多麼地稀有，因此我更要感謝那些慷慨把時間留給我的人。

我非常感激本書裡引用的許多傑出人士，在我擔任旅遊記者時，他們投身研究工作和休閒，得出許多令人印象深刻的研究結果；請大家查找他們的文章做延伸閱讀。黎辛斯基的《等待週末》是談論這個議題的開創著作，其他諸如班傑明・亨尼卡特、茱麗葉・修爾、茱蒂絲・

舒勒維茲、雪莉·特克、喬治·瓦利恩特、羅伯特·斯特賓斯、安娜·庫特、大衛·李維、凱薩琳·羅絲、凱特·愛德華茲、史考特·施曼、伊凡·羅賓森、理查德·勞夫、大衛·羅迪格、菲力普·芳納、孝恩·米卡勒夫、寇特妮·卡弗、米雪兒·韋拿戴維斯、喬許·戴維斯等人，也都直接或間接為這個計畫做出很大的貢獻。此外，近期出版的兩本書內容深入淺出，也給了我很多的啟發，分別是布里吉德·舒爾特的《不堪重負》（*Overwhelmed*）以及安妮·瑪麗·斯勞特的《我們為什麼不能擁有一切》（*Unfinished Business*）。

非常感謝所有接受我訪談的創新企業老闆——特別是菲麗西特·貝佐、傑森·弗萊德、和達斯廷·莫斯科維茨，感謝他們積極保障員工的生活品質，並重新調整員工的工作模式。

對於那些曾接受我詢問週末工作和玩樂議題的人（由於人數過多，容我不在此一一列名），感謝你們忍受我問了一堆唐突問題。本書裡的故事都是真人真事，受訪者並非我編造的。我之所以只列出名字、沒列出姓氏，是為了保護他們的隱私。有些受訪者不想在書裡出現他們的名字、或是足以識別身分的特徵，因此在那些故事裡我採用了假名。

我的親朋好友因為我的關係，不得已被寫進本書裡面；為此，我屈膝獻上十二萬分的歉意，以及十二萬分的感激。我的父母蓋瑞和辛蒂總是認真工作維持家計，而且過得很好；寫這本書時，他們是我最好的參考榜樣。我的公公布萊恩和婆婆薇樂麗也給了我很大的支持，並且跟我談了許多賞鳥的事情。感謝許多朋友陪著我辛苦經歷了這本書的誕生，而且還要感謝一路上所有傾聽並以智慧開導我的人，尤其是麥芮恩、史蒂芬妮、凱蒂、莎拉、麗莎、米蘭達和安迪。我強烈建議大家，多結交一些像她們那麼聰明的女性。

最重要的，我要感謝我的家人：朱利安、裘德和米亞。感謝你們長期忍受我的缺席，不論是身體上和精神上的，有時甚至還發生在週末。因為你們的陪伴，這些日子才有了意義。

CF00441

週末改造計畫：讓身心關機2天，打造快樂的365天〔週休快樂升級版〕

作　　者—卡特里娜・翁斯塔
譯　　者—胡琦君
主　　編—郭香君
責任企劃—張瑋之
封面設計—Bianco Tsai

編輯總監—蘇清霖
董 事 長—趙政岷
出 版 者—時報文化出版企業股份有限公司
108019台北市和平西路三段二四〇號一至七樓
發行專線—（〇二）二三〇六—六八四二
讀者服務專線—〇八〇〇—二三一—七〇五
（〇二）二三〇四—七一〇三
讀者服務傳真—（〇二）二三〇四—六八五八
郵撥—一九三四四七二四時報文化出版公司
信箱—10899台北華江橋郵局第九九信箱

時報悅讀網—http://www.readingtimes.com.tw
綠活線臉書—https://www.facebook.com/readingtimesgreenlife
法律顧問—理律法律事務所　陳長文律師、李念祖律師
印　　刷—勁達印刷有限公司
二版一刷—二〇二二年一月二十日
定　　價—新台幣三五〇元

時報文化出版公司成立於一九七五年，
並於一九九九年股票上櫃公開發行，於二〇〇八年脫離中時集團非屬旺中，
以「尊重智慧與創意的文化事業」為信念。

週末改造計畫：讓身心關機2天，打造快樂的365天/卡特里娜　翁斯塔(Katrina Onstad)著；胡琦君譯. -- 二版. -- 臺北市：時報文化出版企業股份有限公司, 2022.01
面；　公分. --（人生顧問；441）
譯自：The weekend effect : the life-changing benefits of taking two days off
ISBN 978-957-13-9874-7（平裝）

1.成功法 2.時間管理 3.工時

177.2　　　　110021674

ISBN 978-957-13-9874-7
Printed in Taiwan